alfredissimo! Kochen mit BIO

Notizen

Rezepteblock

mit Einkaufsliste

über 150 Rezepte und Tipps

alfredissimo!

Kochen mit BIO

ARD Das Erste WDR

Weltbild Ideenshop

Art.-Nr. 542.522
ISBN 3-89604-139-8

Layout: Petra Pawletko
Bild: WDR/Michael Fehlauer
Redaktion: WDR/Pro GmbH Köln/CPA! Wiesbaden

alfredissimo! – Kochen mit Bio wird hergestellt
von der Pro GmbH Köln. Eine Sendung des WDR.

Die Rezepte sind sorgfältig erstellt und geprüft
worden. Für eventuell dennoch auftretende Fehler
bei Mengenangaben oder Zubereitungsverfahren
übernimmt der Verlag keine Haftung.

Die Sendung alfredissimo! – Kochen mit Bio

alfredissimo! ist bislang das privateste TV-Format von und mit Alfred Biolek; dies verrät nicht nur der Titel mit dem mediterranen Superlativ als versteckten kleinen Hinweis auf seine Vorliebe für diese Küche. Auch der Schriftzug auf dem Logo ist seine Handschrift. Alfred Biolek ist Hobbykoch – und wahrscheinlich deshalb hatte er die Idee, jeweils einen Prominenten je Sendung in seine private Küche einzuladen, um gemeinsam zu kochen. Dabei wird jeder Gast gebeten, sein Lieblingsrezept zuzubereiten. Kochen ist essenzieller, aber nicht zentraler Bestandteil der Sendung, denn das Gespräch, das sich über und um das Kochen gewissermaßen beiläufig ergibt, ist höchst unterhaltend.

Während Gast und Gastgeber kochen, sind die Prominenten in untypischen Situationen zu sehen. Dies eröffnet neue Aspekte für den Zuschauer, der sich fühlt, als würde er durch ein Schlüsselloch zuschauen.

Alfred Bioleks Küchenphilosophie beinhaltet auch, schon das Kochen selbst als Teil der Kommunikation zu begereifen. Üblicherweise ist es in deutschen Haushalten so, dass das Essen fertig sein muss, wenn die Gäste kommen. *alfredissimo!* ist ein Plädoyer für das „gemeinsame“ Kochen. Abgesehen von notwendigen Vorbereitungen braucht es ein bisschen „Laissez faire“, nicht den deutschen Hang zum Perfektionismus und Rezepte, die „schnell zuzubereiten sind, aber trotzdem etwas hermachen“. Küchengeräte werden benutzt, wenn sie „Sinn machen“, und auch fertige Produkte, wenn es schnell gehen muss, „die Industrie hat ja inzwischen sehr gute Produkte auf den Markt gebracht“. Aber: Parmesan immer frisch gerieben und Pfeffer aus der Mühle bitte!

Unter anderem waren folgende Gäste in Alfred Bioleks Küche zu Besuch:
Marianne Sägebrecht, Henry Maske, Marlène Charell, Ron Williams, Helen Schneider, Monserrat Caballé, Hannelore Kohl, Christiane Herzog, Maria Schell, Michael Ballhaus, Christa Ludwig, Dirk Bach, Dame Gwyneth Jones, Viktor Lazlo, Heino und Marusha ...

Alle Rezepte sind für 4 Personen, soweit nicht anders angegeben.

Teebeutel sind Kulturverfall

Ein Interview mit Alfred Biolek

Herr Biolek, 111 *alfredissimo!*-Sendungen liegen hinter Ihnen. – Macht Ihnen das Kochen noch Spaß?
Mehr denn je. Früher bin ich sehr oft ausgegangen und habe privat nur selten gekocht. Das Verhältnis war vielleicht 9 : 1. Heute ist es genau umgekehrt. Kochen und Leben sind für mich eine Einheit. Ich kann das gar nicht trennen. Meine Küche zu Hause geht nahtlos in den Wohnbereich über.

Die *alfredissimo!*-Küche ist Ihrer eigenen privaten Küche nachempfunden. Ist Kochen im Studio das Gleiche wie Kochen zu Hause?
Nein, das sieht im Studio natürlich anders aus. Da gibt es tausende Leute, die alles vorbereiten. *alfredissimo!* wird live aufgezeichnet. Wir brechen zwischendurch nicht ab, wenn es nicht so hinhaut, wie wir uns das vorgestellt haben. Nach rund 27 Minuten ist alles vorbei, deshalb werden alle Zeiten im Vorfeld genau gestoppt. „Wie viel muss ich noch vorbereiten?", „Ab welcher Minute muss das ins Rohr?", „Wenn's klingelt, wie viel Zeit habe ich dann noch in der Sendung?" usw. Das sind alles sehr logistische Angelegenheiten.

Sind Sie ein ordentlicher Koch? Wie hinterlassen Sie die Küche?
Furchtbar, ich bin ein unordentlicher Koch. Gott sei Dank habe ich fleißige Helfer!

Was passiert denn eigentlich nach der Sendung mit dem Essen?
Das teilt sich das Team, Kamera, Requisite, Maske, Redaktion ...

In Ihrer Küche haben sich schon zahlreiche namhafte Persönlichkeiten den Kochlöffel in die Hand gedrückt – von den Toten Hosen bis zu Hannelore Kohl. Mit wem würden Sie noch gerne kochen?
Das ist die beliebte Frage nach dem Traumgast. Als Moderator bleibe ich dabei: Jeder Gast ist mein Traumgast. Der eine ist interessant, weil er so berühmt ist, der andere passt in die Sendung, weil er sehr gut

kochen kann. Und *alfredissimo!* geht's in erster Linie ums Kochen, nicht so sehr ums Gespräch. Das passiert zunächst eher so nebenbei. Daher rührt auch die private Atmosphäre in unserer Küche. Dass der Talk dann manchmal in den Vordergrund rückt, ist eine andere Sache. Bei Boulevard Bio dagegen sitzen wir die ganze Zeit hochkonzentriert auf einem Servierteller.

Hand auf den Bauch. Hat's Ihnen bei *alfredissimo!* wirklich immer geschmeckt?

Meistens ist es tatsächlich sehr lecker. Und irgendwo schmeckt es einem sowieso immer. Auch wenn es schlecht schmeckt, schmeckt es ja – natürlich nicht alles gleich gut. Da unterscheide ich in meinen Sendungen durchaus zwischen Entzückungsschreien und „mhm, das ist aber schön" oder „interessant ..." Diese Abstufungen beherzigen übrigens auch meine Gäste, wenn ich etwas für sie koche. Es gebietet einfach eine gewisse Höflichkeit, dass wir einander nicht sagen: „Das ist Ihnen heute aber gar nicht gelungen".

Apropos, gibt es ein Gericht, das Ihnen tatsächlich noch nie gelungen ist?

Leider kann ich nicht backen. Dabei würde ich so gerne Original Elsässischen Gugelhupf aus Hefeteig zubereiten können. Dafür jedes Mal nach Straßburg zu fahren, dazu fehlt mir einfach die Zeit.

Was halten Sie eigentlich von Fastfood?

In den letzten zehn Jahren habe ich zwei Hamburger gegessen. Einmal, als ich sehr in Eile war. Den anderen vor kurzem bei *alfredissimo!*. Der Mann von Mutter Beimer hat den gemacht, der Schauspieler Bill Mockridge. Grundsätzlich verteufle ich Fastfood nicht. Es kommt immer auf die Atmosphäre an. Eine Currywurst in Berlin zu später Abendstunde ... Oder in Wien ein Würstl auf der Kärntner Straße, nachts nach dem Theater – am besten noch im Smoking. Das hat schon Tradition.

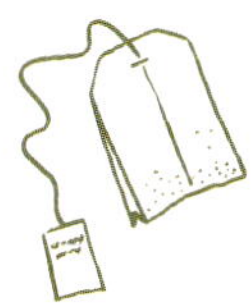

Teebeutel sind Kulturverfall

Haben Sie eine Mikrowelle?
Nein. Doch wenn jemand eine benutzt, möchte ich das auch nicht verurteilen. Da, wo's sinnvoll ist, finde ich es in Ordnung – das ist wie mit den Handys: Nur mit vorgehaltener Pistole könnte man mich zwingen, mir eins anzuschaffen. Aber wenn unsere Helfer einkaufen gehen und es fehlt noch etwas, dann können wir Ihnen übers Handy durchgeben: „Bringt bitte noch frisches Basilikum mit!"

Was sagen Sie dazu, dass man hierzulande das ganze Jahr über alle Nahrungsmittel kaufen kann?
Das bedaure ich. In meiner Küche versuche ich, das Saisonale zu erhalten: Ich esse Feldsalat im Winter, Pfifferlinge im Herbst, weißen Spargel nur im Frühling ... Aber andererseits gibt's auch bei mir das ganze Jahr über tiefgefrorene Himbeeren. Alles hat auch sein Positives.

Gibt es für Sie kulinarische Todsünden?
Teebeutel. Teebeutel sind Kulturverfall – ein unerschöpfliches Thema. Allein die Herstellung ... Was übrig bleibt, ist Teestaub in Tüten – gefärbtes Wasser, ohne Geschmack. Oder die neueste Katastrophe: gezüchtete Steinpilze, die nicht riechen und nicht schmecken. Aber irgendwann wird es wahrscheinlich auch wieder eine Gegenbewegung geben – wie bei den Tomaten: von den Wassertomaten zurück zu den Strauchtomaten.

Gibt es für Sie eine kulinarische Offenbarung?
Nicht eine. Sehr viele! Aber es muss nicht unbedingt die „Grande Cuisine" sein – im Gegenteil: Bei mir nimmt der Genuss mit steigender Sternezahl ab. Ich bin ein einfacher, aber in der Qualität der Einfachheit sehr anspruchsvoller Gast.

Wenn Sie sich selbst auf einer Menükarte wiederfinden sollten, welches Gericht wollten Sie dann sein?
Pasta. Ein einfaches Pastagericht, aber in guter Qualität. Vielleicht Fettuccine Alfredo!?

Mit Alfred Biolek sprachen
Lena Bodewein und Stephan Tarnow.

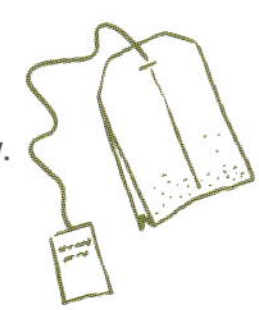

Vorspeisen & Salate

In die deutsche Küche ist Bewegung gekommen. Für viele haben Vorspeisen heute einen anderen Stellenwert als noch vor wenigen Jahren. Der Grund dafür sind sicherlich Erfahrungen mit der Küche anderer Länder, in denen die Vorspeise eine größere Rolle spielt als bei uns – sei es im Urlaub oder durch den Kontakt mit der italienischen, griechischen oder türkischen Esskultur hier in Deutschland.

Die kleinen Gerichte oder „Starter" lassen sich gut vorbereiten, machen oft wenig Arbeit und erfreuen die Gäste mehr als ein großartiger Hauptgang, für den Köchin oder Koch stundenlang in der Küche stehen muss.
Wichtig ist bei Vorspeisen, dass sie leicht sind. Sie sollen den Appetit eher anregen als schon stillen. Salate sind daher als Vorspeisen besonders geeignet.

Crostini di fegatini

- 150 g Hähnchenleber
- 40 g roher Schinken, nicht zu mager
- 1/2 Zwiebel
- 1 EL Öl
- 3 Salbeiblätter
- 1 EL Butter
- Zitronensaft
- Salz, Pfeffer
- 8 Scheiben Weißbrot (Baguette)
- frisch geriebener Parmesan

Die Hähnchenlebern enthäuten, putzen und in kleine Stücke schneiden. Zur Seite stellen. Den Schinken grob, die halbe Zwiebel fein würfeln. Den Backofen auf höchster Stufe (250 °C) anheizen, eventuell noch den Grill zuschalten.

Das Öl in einer Pfanne erhitzen, die Salbeiblätter kurz anbraten, dann Schinkenwürfel und Zwiebel zugeben und dünsten, bis die Zwiebelwürfel glasig werden. Die Hähnchenleberstücke dazugeben und bei starker Hitze kurz, aber kräftig anbraten, dabei umrühren, bis sie gar sind – das geht sehr schnell.

Die Pfanne vom Herd nehmen, die Salbeiblätter entfernen und die Leber mit Schinken und Zwiebel im Mixer (Blitzhacker) pürieren oder, was mühsam ist, durch ein Sieb streichen. In eine Schüssel füllen und mit der Butter zu einer geschmeidigen Creme verrühren. Mit Zitronensaft, Salz und wenig Pfeffer abschmecken.

Die Brotscheiben kurz rösten, mit Leberpüree bestreichen und mit etwas Parmesan bestreuen. Kurz vor dem Servieren im heißen Ofen ganz kurz überbacken.

Einkaufsliste

Crostini di fegatini

- ○ Hähnchenleber
- ○ roher Schinken
- ○ Zwiebel
- ○ Öl
- ○ Salbei
- ○ Butter
- ○ Zitronensaft
- ○ Salz, Pfeffer
- ○ Weißbrot
- ○ Parmesan

Was noch:

- ○ ______________________
- ○ ______________________
- ○ ______________________
- ○ ______________________
- ○ ______________________
- ○ ______________________
- ○ ______________________
- ○ ______________________
- ○ ______________________
- ○ ______________________

Ligurische Crostini

- 8 Scheiben Baguette oder italienisches Weißbrot
- Knoblauchzehen
- gutes Olivenöl extra nativ
- Tomatenmark
- grob gehackte Kapern
- schwarzer Pfeffer, grob gemahlen

Die Brotscheiben toasten oder im Ofen oder in der Pfanne rösten. Knoblauchzehen (Menge nach Belieben) schälen und längs halbieren, mit den Schnittflächen die gerösteten Brotscheiben einreiben. Jede Scheibe mit etwas Olivenöl beträufeln, dann mit Tomatenmark bestreichen und zum Schluss mit den gehackten Kapern belegen. Mit grob gemahlenem Pfeffer bestreuen und gleich servieren.

Einkaufsliste

Ligurische Crostini

- ○ Baguette
- ○ Knoblauch
- ○ Olivenöl
- ○ Tomatenmark
- ○ Kapern
- ○ Pfeffer

Was noch:

- ○ ____________________
- ○ ____________________
- ○ ____________________
- ○ ____________________
- ○ ____________________
- ○ ____________________
- ○ ____________________
- ○ ____________________
- ○ ____________________
- ○ ____________________

Bruschetta

- 1 italienisches Weißbrot
- 5 Tomaten
- 6 Frühlingszwiebeln
- 4-6 Knoblauchzehen
- 1-2 frische grüne Chilischoten
- Olivenöl
- Aceto Balsamico (Balsamessig)
- gemahlener Kardamom
- Salz, grob gemahlener schwarzer Pfeffer
- nach Belieben: frisch geriebener Parmesankäse

Das Weißbrot schräg in Scheiben schneiden. Die Tomaten kurz überbrühen, häuten und ohne Stielansatz klein würfeln. Die Frühlingszwiebeln putzen und bis ins Grüne hinein in dünne Scheiben schneiden, die Knoblauchzehen pellen und durch die Presse drücken oder in dünne Scheiben schneiden. Die Chilischoten in sehr feine Ringe schneiden (Vorsicht, sehr scharf – eventuell Gummihandschuhe tragen). Die Tomatenwürfel mit Knoblauch, Frühlingszwiebeln, Chilischoten, Olivenöl und Aceto Balsamico vermischen. Mit gemahlenem Kardamom, Salz und Pfeffer abschmecken.

Die Weißbrotscheiben in einem Toaster oder unter dem Grill rösten.
Die heißen Weißbrotscheiben mit der Tomatenmasse bestreichen, nach Belieben mit Parmesan bestreuen und gleich servieren.

Einkaufsliste

Bruschetta

- ○ italienisches Weißbrot
- ○ Tomaten
- ○ Frühlingszwiebeln
- ○ Knoblauch
- ○ Chilischoten
- ○ Olivenöl
- ○ Aceto Balsamico
- ○ Kardamom
- ○ Salz, Pfeffer

Was noch:

- ○ ______________________
- ○ ______________________
- ○ ______________________
- ○ ______________________
- ○ ______________________
- ○ ______________________
- ○ ______________________
- ○ ______________________
- ○ ______________________
- ○ ______________________

Pollo Tonnato

- 2 doppelte Hähnchenbrustfilets
- 1 Zwiebel
- 125 g Sellerieknolle
- 2 Möhren
- 1 Lorbeerblatt
- Salz
- 2 Eigelb
- 2 EL Zitronensaft
- 125 ml Olivenöl
- 150 g Thunfisch (aus der Dose)
- 3 EL Kapern
- Pfeffer aus der Mühle
- 1/2 Bund Basilikum

Die Hähnchenbrustfilets kalt abspülen, mit Küchenkrepp trocknen und beiseite stellen.

Die Zwiebel pellen und vierteln. Den Sellerie und die Möhren waschen, putzen und grob zerteilen. Zwiebelviertel, Sellerie- und Möhrenstücke mit dem Lorbeerblatt in einen Topf geben, etwa 1/2 l Wasser aufgießen und zum Kochen bringen. Den Deckel auflegen und 15 Minuten köcheln lassen.
Den Sud mit 1/2 TL Salz würzen und die Hähnchenbrustfilets darin 15 bis 20 Minuten bei schwacher Hitze gar ziehen lassen.

Für die Sauce die Eigelbe mit dem Zitronensaft in einen Mixer geben. Den Mixer einschalten und das Olivenöl in dünnem Strahl gleichmäßig zufließen lassen, bis eine dicke Mayonnaise entstanden ist. Den Thunfisch grob zerkleinern und zusammen mit den Kapern zu der Mayonnaise mixen. Wenn die Sauce zu dick ist, noch einige Löffel vom Kochsud zugeben. Die Thunfischsauce mit Salz und Pfeffer abschmecken.

Das Hähnchenfleisch in dünne Scheiben schneiden und mit der Thunfisch-Mayonnaise überziehen. In den Kühlschrank stellen.

Zum Servieren das Basilikum waschen und trocknen, die Blättchen fein hacken und über das „Pollo Tonnato" streuen.

alfredissimo! Kochen mit BIO

Einkaufsliste

Pollo Tonnato

- ○ Hähnchenbrustfilets
- ○ Zwiebel
- ○ Sellerieknolle
- ○ Möhren
- ○ Lorbeerblatt
- ○ Salz
- ○ Eier
- ○ Zitronensaft
- ○ Olivenöl
- ○ Thunfisch
- ○ Kapern
- ○ Pfeffer
- ○ Basilikum

Was noch:

- ○ ______________________
- ○ ______________________
- ○ ______________________
- ○ ______________________
- ○ ______________________
- ○ ______________________
- ○ ______________________
- ○ ______________________
- ○ ______________________
- ○ ______________________

Avocado-Creme

- 2 reife Avocados
- 1 kleiner Becher Tzatziki (mit Knoblauch gewürzter Joghurt)
- 1-2 EL frischer Zitronensaft
- Salz (oder Knoblauchsalz)
- evtl. Flüssigwürze
- kleine Pumpernickelscheiben

Die Avocados sind reif, wenn sie auf sanften Druck etwas nachgeben. Sonst mit einem Apfel in eine Tüte stecken und im Dunkeln bei Zimmertemperatur 1-3 Tage reifen lassen.

Für die Creme (in Mexiko heißt sie Guacamole) die Avocados halbieren, den Kern entfernen und das Fruchtfleisch auslöffeln. In einer Schüssel mit der Gabel zu Mus zerdrücken.

Mit so viel Tsatsiki vermischen, dass die Masse streichfähig ist. Durch den Joghurt wird die Creme schön hellgrün und der Knoblauchgeschmack ist nicht so durchdringend wie bei frischem. Mit Zitronensaft, einer Prise Salz (oder Knoblauchsalz) und eventuell einem Spritzer Flüssigwürze abschmecken.

Die Masse auf kleine Pumpernickelscheiben streichen und gleich servieren. Eignet sich sehr gut als schnelle Vorspeise oder Appetithäppchen.

Einkaufsliste

Avocado-Creme

- O Avocados
- O Tzatziki
- O frischer Zitronensaft
- O Salz
- O Pumpernickel

Was noch:

- O ______________________
- O ______________________
- O ______________________
- O ______________________
- O ______________________
- O ______________________
- O ______________________

Kretisches Omelett

- *3 Zwiebeln, mittelgroß*
- *2-3 Zucchini,*
  je nach Größe, ca. 350 g
- *2 Knoblauchzehen*
- *4 Eier*
- *Salz, Pfeffer*
- *4 EL Olivenöl*
- *1 Rosmarinzweig,*
  möglichst frisch

Die Zwiebeln pellen und in dünne Ringe schneiden, die Zucchini waschen und in feine Scheiben teilen, die Knoblauchzehen schälen und fein hacken. Eier verquirlen und mit Salz und Pfeffer würzen. Olivenöl in einer Pfanne (zu der es einen Deckel gibt) erhitzen und die Zwiebelringe andünsten, die Zucchinischeiben zugeben und unter Wenden leicht braun braten. Schließlich den Knoblauch und die zerkleinerten Rosmarinnadeln unterrühren.
Die Eier darüber gießen, den Deckel auflegen und das Omelett in etwa 5 Minuten stocken lassen.

Einkaufsliste

Kretisches Omelett

- ○ *Zwiebeln*
- ○ *Zucchini*
- ○ *Knoblauch*
- ○ *Eier*
- ○ *Salz, Pfeffer*
- ○ *Olivenöl*
- ○ *Rosmarin*

Was noch:

- ○ ____________________
- ○ ____________________
- ○ ____________________
- ○ ____________________
- ○ ____________________
- ○ ____________________
- ○ ____________________
- ○ ____________________
- ○ ____________________
- ○ ____________________

„La Rouille" – Aïoli auf Röstbrot

- *4-5 Knoblauchzehen (oder mehr, nach Geschmack)*
- *3 Eigelb*
- *ca. 100 ml Olivenöl*
- *1 Prise Cayennepfeffer, Salz*
- *evtl. einige Fäden Safran*
- *1 Baguette (Stangenweißbrot)*

Den Knoblauch schälen und in eine Schüssel pressen (oder im Mörser zerstampfen). Die Eigelbe dazugeben, mit dem elektrischen Schneebesen vermischen und dann, bei laufendem Gerät, das Olivenöl erst tropfenweise, dann in dünnem Strahl zugeben, bis die Masse cremig ist. Jetzt mit Cayennepfeffer (scharf!) und Salz würzen. Nach Belieben einige Safranfäden zugeben.

Baguette in Scheiben schneiden und im heißen Ofen leicht anrösten. Mit der Knoblauchmayonnaise bestreichen und warm servieren.

Einkaufsliste

„La Rouille" – Aïoli auf Röstbrot

- ○ Knoblauch
- ○ Eier
- ○ Olivenöl
- ○ Cayennepfeffer
- ○ Baguette

Was noch:

- ○ ______________________
- ○ ______________________
- ○ ______________________
- ○ ______________________
- ○ ______________________
- ○ ______________________
- ○ ______________________
- ○ ______________________
- ○ ______________________
- ○ ______________________

Tiropite mit Quark und Spinat

- 1 Paket tiefgekühlter Blätterteig
- 500 g Blattspinat
- Salz
- 1 Zwiebel
- 2-3 Knoblauchzehen
- 200 g griechischer Feta-Käse (in Lake)
- 1-2 Eier
- Salz, Pfeffer, Muskat
- Mehl zum Ausrollen des Blätterteigs
- Olivenöl zum Braten

Für diese griechischen Käseküchlein die Blätterteig-Platten auftauen lassen und mit einem leicht angefeuchteten Tuch vor dem Austrocknen schützen.

Den Spinat gründlich waschen und verlesen. Dann in kochendem Salzwasser kurz blanchieren, auf ein Sieb gießen, kalt überbrausen. Abtropfen lassen und gut ausdrücken.

Die Zwiebel und den Knoblauch pellen. Zwiebel hacken und in eine Schüssel geben, den Knoblauch dazupressen. Den Feta-Käse darüber zerkrümeln. Den Spinat hacken, mit den Eiern dazugeben und alles vermischen, mit Salz, Pfeffer und Muskat würzen.

Den Blätterteig auf einem mit Mehl bestreuten Brett dünn ausrollen, in 8 bis10 cm breite, etwa 20 cm lange Streifen schneiden.

Von der Spinat-Feta-Masse jeweils ein Häufchen – etwa ein gehäufter Teelöffel voll – auf den Anfang eines Teigstreifens setzen, den Streifen im Zickzack bis zum Ende zusammenfalten, sodass ein Dreieck entsteht.

In einer Pfanne reichlich Olivenöl erhitzen und die Tiropite darin auf beiden Seiten braten, bis sie schön goldgelb und aufgebläht sind. Die fertigen aus der Pfanne heben und auf Küchenkrepp entfetten.

Schmecken warm und kalt als Vorspeise oder als Imbiss zwischendurch.

Einkaufsliste

Tiropite mit Quark und Spinat

- O Blätterteig
- O Blattspinat
- O Salz
- O Zwiebel
- O Knoblauch
- O griechischer Feta-Käse
- O Eier
- O Salz, Pfeffer, Muskat
- O Mehl
- O Olivenöl

Was noch:

- O ______________________
- O ______________________
- O ______________________
- O ______________________
- O ______________________
- O ______________________
- O ______________________
- O ______________________
- O ______________________
- O ______________________

Garnelen und Feigen mit Speck

Für die Marinade:

- 5 EL Olivenöl
- 2 EL Champagneressig (oder ein guter Weißweinessig)
- 1 EL Zitronensaft
- 1 TL Dijon-Senf
- nach Belieben: 1 Knoblauchzehe
- Salz, weißer Pfeffer

Für die Spießchen:

- 6 frische Garnelenschwänze (jeweils 6-7 cm lang)
- 3 getrocknete Feigen
- 6 Scheiben Räucherspeck (ganz dünn geschnitten)

Für die Marinade das Olivenöl mit Essig, Zitronensaft, Senf und (nach Belieben) einer durchgepressten Knoblauchzehe verrühren, mit einer Prise Salz und weißem Pfeffer würzen.

Die Marinade auf zwei Schüsselchen verteilen. In dem einen die Garnelen und in dem anderen die halbierten Feigen 2 bis 4 Stunden ziehen lassen (die Garnelen im Kühlschrank, die Feigen bei Zimmertemperatur).

Die fertig marinierten Feigen und Garnelenschwänze mit jeweils einer halben Speckscheibe umwickeln und mit Zahnstochern feststecken.

Eine große Pfanne erhitzen und die Speckgarnelen und die Speckfeigen bei starker Hitze sehr schnell braten, dabei nach Belieben mit etwas Marinade beträufeln.

alfredissimo! Kochen mit BIO

Einkaufsliste

Garnelen und Feigen mit Speck

- ○ Olivenöl
- ○ Champagneressig
- ○ Zitronensaft
- ○ Dijon-Senf
- ○ Salz, Pfeffer
- ○ Garnelenschwänze
- ○ Feigen
- ○ Räucherspeck

Was noch:

- ○ ____________________
- ○ ____________________
- ○ ____________________
- ○ ____________________
- ○ ____________________
- ○ ____________________
- ○ ____________________
- ○ ____________________
- ○ ____________________
- ○ ____________________

Orangen-Avocado-Salat mit Shrimps

- 6 große Orangen
- 3 Avocados, reif, aber nicht zu weich
- 250 g Shrimps (Tiefseegarnelen), geschält
- 1 Zitrone
- 2 TL Senf
- 1 EL Tomatenketchup
- 1 TL Worcestersauce
- 4 EL Pflanzenöl
- 1 Bund Dill, Salz

Die Orangen mit scharfem Messer bis aufs Fruchtfleisch schälen, sodass die weiße Innenschale entfernt wird. Über einer Schüssel (um den Saft aufzufangen) die Schnitze aus den harten Trennhäuten schneiden (filetieren).

Die Avocados halbieren, den Kern entfernen, schälen und die Hälften quer in 1/2 Zentimeter dicke Scheiben schneiden. Orangenfilets, Avocadoscheiben und die Shrimps in eine Schüssel schichten. Aus dem aufgefangenen Orangensaft, dem Saft der Zitrone und Senf, Ketchup, Worcestersauce sowie dem Pflanzenöl eine Salatsauce quirlen (am besten mit dem Schneebesen).

Den Dill waschen, trockenschleudern und fein hacken. Zur Salatsauce rühren und mit Salz abschmecken. Die Sauce über die Zutaten verteilen und etwa 1 Stunde durchziehen lassen, dann alles vorsichtig vermischen.

Einkaufsliste

Orangen-Avocado-Salat mit Shrimps

- ○ Orangen
- ○ Avocados
- ○ Shrimps
- ○ Zitrone
- ○ Senf
- ○ Tomatenketchup
- ○ Worcestersauce
- ○ Pflanzenöl
- ○ Dill, Salz

Was noch:

- ○ ____________________
- ○ ____________________
- ○ ____________________
- ○ ____________________
- ○ ____________________
- ○ ____________________
- ○ ____________________
- ○ ____________________
- ○ ____________________
- ○ ____________________

Makrelendip

- 250 g geräucherte Makrelenfilets
- 2 EL Crème fraîche
- 2-3 EL frisch geriebene Meerrettichwurzel
- etwas abgeriebene Schale von 1 unbehandelten Zitrone
- Salz
- weißer Pfeffer aus der Mühle
- 1 Bund Dill
- 1 Baguette oder Flûte

Den Backofen auf 200 °C vorheizen. Die Makrelenfilets in Stücke schneiden. Mit der Crème fraîche, dem Meerrettich und geriebener Zitronenschale in einen Mixer oder den Blitzhacker geben und zu einer glatten Masse pürieren. Vorsichtig mit Salz und Pfeffer würzen.

Den Dill waschen und trocknen, in kleine Zweige zerpflücken und beiseite legen.

Das Baguette in dünne Scheiben schneiden, auf einen Backrost legen und im Ofen goldbraun rösten.

Die Brotscheiben mit dem Makrelendip bestreichen und mit kleinen Dillzweigen garnieren. Gleich servieren.

Einkaufsliste

Makrelendip

- O geräucherte Makrelenfilets
- O Crème fraîche
- O Meerrettichwurzel
- O Zitrone
- O Salz
- O Pfeffer
- O Dill
- O Baguette

Was noch:

- O ____________________
- O ____________________
- O ____________________
- O ____________________
- O ____________________
- O ____________________
- O ____________________
- O ____________________
- O ____________________
- O ____________________

Räucherforellenmousse

- 2 frisch geräucherte Forellen (oder geräucherte Forellenfilets in Folie, gibt´s im Supermarkt)
- 2 Schalotten, mittelgroß
- 1 EL Crème fraîche
- ca. 100 g Sahne
- Salz, weißer Pfeffer
- 1 Päckchen Pumpernickeltaler oder Cracker
- 1 Bund Dill

Die Forellen häuten und das Fischfleisch mit einem kleinen Messer von den Gräten zupfen. Die Schalotten pellen und klein schneiden.

Forellen und Schalotten im Mixer pürieren, Crème fraîche und nach und nach so viel Sahne zugießen, bis eine geschmeidige Creme entsteht. Mit Salz und weißem Pfeffer (aus der Mühle) würzen. Gut kühlen.

Das schmeckt vorzüglich auf runden Pumpernickelscheiben oder auf Crackern, mit fein gehacktem Dill garniert.

Einkaufsliste

Räucherforellenmousse

- ○ geräucherte Forellen
- ○ Schalotten
- ○ Crème fraîche
- ○ Sahne
- ○ Salz, Pfeffer
- ○ Pumpernickeltaler
- ○ Dill

Was noch:

- ○ ______________________
- ○ ______________________
- ○ ______________________
- ○ ______________________
- ○ ______________________
- ○ ______________________
- ○ ______________________
- ○ ______________________
- ○ ______________________
- ○ ______________________

Hühnchen-Frikadellen

- 2 Hähnchenbrustfilets
- 50 g Pistazienkerne
- 1 Ei
- Salz, Pfeffer aus der Mühle
- nach Belieben: gemahlener Kreuzkümmel
- 2-3 EL fein gehackte Petersilie
- Olivenöl zum Braten
- Zitronenschnitze zum Garnieren

Die Hähnchenfilets kurz unter kaltem Wasser abspülen, mit Küchenkrepp trocknen und in grobe Stücke schneiden. Durch den Fleischwolf drehen oder im Blitzhacker zerkleinern. Die Masse mit den Pistazienkernen vermischen und nochmals durch den Fleischwolf drehen oder zerkleinern.

Die Mischung in einen tiefen Teller geben und mit dem Ei vermischen, mit Salz und Pfeffer, nach Belieben auch Kreuzkümmel, würzen. Die fein gehackte Petersilie untermischen.

Aus der Masse walnussgroße Bällchen formen. In einer Pfanne Olivenöl erhitzen und die Bällchen bei mittlerer Hitze 7 bis 8 Minuten darin unter Wenden braun braten.

Die Bällchen aus der Pfanne heben und auf Küchenkrepp entfetten. Heiß mit Zitronenschnitzen servieren.

Einkaufsliste

Hühnchen-Frikadellen

- Hähnchenbrustfilets
- Pistazienkerne
- Ei
- Salz, Pfeffer
- Petersilie
- Olivenöl
- Zitronen

Was noch:

- ______________________________
- ______________________________
- ______________________________
- ______________________________
- ______________________________
- ______________________________
- ______________________________
- ______________________________
- ______________________________
- ______________________________

Enten-Terrine

- *500 g Entenbrustfilets*
- *1 unbehandelte Zitrone oder Limette (Limone)*
- *1 unbehandelte Orange*
- *500 g Schweinemett (gewürztes Schweinehackfleisch)*
- *2 Eier*
- *3-4 EL Cognac (oder guter Weinbrand)*
- *je 1-2 Msp. gemahlener Ingwer, Piment, Zimt und Cayennepfeffer*
- *Salz, Pfeffer aus der Mühle*

Den Backofen auf 180 °C vorheizen. Die Entenbrustfilets häuten, das Fleisch in kleine Würfel schneiden. Die Zitrone (oder Limette) und die Orange heiß abwaschen, jeweils 1 gehäuften EL voll Schale abreiben.

Das Entenfleisch mit dem Schweinemett, den geriebenen Zitrusschalen, den Eiern, Cognac und den Gewürzen vermischen, sparsam mit Salz (das Mett ist ja bereits gewürzt), kräftig mit Pfeffer abschmecken.

Die Mischung in eine Terrinenform füllen und etwas andrücken, die Oberfläche glatt streichen. Die Form mit dem dazugehörigen Deckel oder mit Alufolie verschließen, in einen passenden hitzefesten Topf oder einen Bräter stellen und seitlich so viel kochendes Wasser angießen, dass die Form zu 2/3 im Wasserbad steht.

Den Topf oder den Bräter in den heißen Ofen (unten) stellen und die Terrine 1 1/2 bis 2 Stunden garen, nach Bedarf Wasser nachgießen.

Dann den Deckel abnehmen und ein sauberes Holzbrettchen, das möglichst genau in die Form passt, auf die Terrine legen. Mit einer vollen Konservendose beschweren und abkühlen lassen. Dann in den Kühlschrank stellen und einige Stunden kühlen.

Dann die Terrine in Scheiben schneiden und servieren. Dazu passen gutes Bauernbrot, saure Gürkchen und eine Cumberland-Sauce (fertig aus dem Glas) oder Balsamico-Schalotten.

Einkaufsliste

Enten-Terrine

- ○ Entenbrustfilets
- ○ Zitrone
- ○ Orange
- ○ Schweinemett
- ○ Eier
- ○ Cognac
- ○ Ingwer, Piment, Zimt und Cayennepfeffer
- ○ Salz, Pfeffer

Was noch:

- ○ ____________________
- ○ ____________________
- ○ ____________________
- ○ ____________________
- ○ ____________________
- ○ ____________________
- ○ ____________________
- ○ ____________________
- ○ ____________________
- ○ ____________________

Wachteln auf Romanasalat

- 4 schön fleischige Wachteln
- Salz, Pfeffer
- 2 Köpfe Romana
  (auch Romain- oder Koch-Salat genannt)
- 125 g Butter
- Walnussöl und Pflanzenöl
- Sherryessig

Wachteln eventuell ausnehmen, waschen, mit Küchenkrepp trocknen, durch Brust und Rücken halbieren. Mit Salz und Pfeffer würzen. Den Salat putzen, waschen, trocknen und in 3-4 cm breite Streifen schneiden.

In einer Pfanne die Butter aufschäumen lassen, die Wachteln bei mittlerer Hitze 20 bis 25 Minuten braten, bis sie braun und innen gar sind.

Aus je zur Hälfte Nuss- und Pflanzenöl, Sherryessig, Pfeffer und Salz eine Salatsauce rühren. Die Romanastreifen auf einer Platte anrichten, mit Essig-Öl-Mischung beträufeln. Die Wachteln mit der heißen Butter über den Salat geben, lauwarm servieren.

Einkaufsliste

Wachteln auf Romanasalat

- ○ Wachteln
- ○ Salz, Pfeffer
- ○ Romanasalat
- ○ Butter
- ○ Walnussöl und Pflanzenöl
- ○ Sherryessig

Was noch:

- ○ ________________
- ○ ________________
- ○ ________________
- ○ ________________
- ○ ________________
- ○ ________________
- ○ ________________
- ○ ________________
- ○ ________________
- ○ ________________

Nudelsalat

- *350 g grüne Bandnudeln*
- *Salz*
- *2 EL Olivenöl*
- *1-2 EL Weißweinessig*
- *Pfeffer*
- *2 gut reife Avocados*
- *1 EL Zitronensaft*
- *4 nestfrische Eier*
- *2 EL Essig*

Die Nudeln in reichlich Salzwasser bissfest garen, abgießen und sofort mit Öl, Weißweinessig, Salz und Pfeffer anmachen.

Die Avocados halbieren, den Kern auslösen, das Fruchtfleisch mit einem Kartoffelbohrer ausstechen. Mit Zitronensaft beträufeln und unter die Nudeln mischen, auf Teller verteilen.

In einem Topf Wasser mit 2 EL Essig sieden lassen, die Eier einzeln in Tassen aufschlagen, ins Wasser gleiten lassen und 3 Minuten pochieren, kalt abschrecken, gut abtropfen lassen und auf dem Nudelsalat anrichten.

alfredissimo! Kochen mit BiO

Einkaufsliste

Nudelsalat

- ○ Bandnudeln
- ○ Salz
- ○ Olivenöl
- ○ Weißweinessig
- ○ Pfeffer
- ○ Avocados
- ○ Zitronensaft
- ○ Eier
- ○ Essig

Was noch:

- ○ ____________________
- ○ ____________________
- ○ ____________________
- ○ ____________________
- ○ ____________________
- ○ ____________________
- ○ ____________________
- ○ ____________________
- ○ ____________________
- ○ ____________________

Salat Olpe

- *1 große rosa Grapefruit*
- *1 große Orange*
- *1 großer säuerlicher Apfel (z. B. Boskop, Elstar)*
- *1 große rote Paprikaschote*
- *1 große Fenchelknolle*
- *1 Granatapfel*
- *5 EL Walnussöl*
- *2 EL Himbeeressig*
- *Salz, weißer Pfeffer*

Dieser erfrischende Salat, der aus Sizilien stammen soll (Alfred Biolek hat ihn zum ersten Mal in Olpe gegessen – daher der Name), ist eine Mischung aus Obst und Gemüse.

Grapefruit und Orange sorgfältig schälen und alle weißen Häute entfernen (Spezialisten schälen mit einem scharfen Messer bis knapp ins Fruchtfleisch), in nicht zu dicke Scheiben schneiden.

Den Apfel schälen und die Mitte mit dem Kerngehäuse ausstechen, dafür gibt es einen Apfelausstecher, den man für wenig Geld in jedem Haushaltsgeschäft kaufen kann.
Den Apfel in nicht zu dicke Ringe schneiden.

Die Paprikaschote um den Stielansatz herum aufschneiden, die Kerne und das andere „Innenleben" entfernen, ebenfalls in Ringe schneiden.

Von der Fenchelknolle die Stiele, den Boden und von der Außenhaut alles Unansehnliche wegschneiden. Die Knolle halbieren und den Strunk, also die feste, bittere Mitte, herausschneiden. Die Hälften in dünne Scheiben schneiden, zu Halbringen aufblättern.

Den Granatapfel in der Mitte durchschneiden (Vorsicht, der Saft färbt entsetzlich!) und die fleischigen Kerne mit einem Löffelchen herausheben.

Obst und Gemüse auf einer sehr großen, flachen Platte anrichten, mit Granatapfelkernen bestreuen. Aus Walnussöl, Essig, weißem Pfeffer und wenig Salz eine Vinaigrette rühren und über den Salat träufeln, aber nicht vermischen.

Einkaufsliste

Salat Olpe

- ○ Grapefruit
- ○ Orange
- ○ Apfel
- ○ Paprikaschote
- ○ Fenchelknolle
- ○ Granatapfel
- ○ Walnussöl
- ○ Himbeeressig
- ○ Salz, Pfeffer

Was noch:

- ○ ______________________
- ○ ______________________
- ○ ______________________
- ○ ______________________
- ○ ______________________
- ○ ______________________
- ○ ______________________
- ○ ______________________
- ○ ______________________
- ○ ______________________

Feldsalat mit Rote Bete und Walnüssen

- 200 g Rote Bete (frisch oder gekocht und vakuumverpackt)
- Salz
- 1TL Kümmel
- Essig
- 200 g Feldsalat (Rapunzel)
- 50 g Walnüsse
- 5 EL Walnussöl
- 1 EL Rotweinessig
- 1 EL Aceto Balsamico
- Pfeffer

Die Bete-Knollen gründlich waschen, mit einer Bürste säubern. Im großen Topf in Salzwasser mit Kümmel und 2 EL Essig aufkochen und garen, das dauert je nach Größe mindestens eine halbe Stunde, dann wie beim Kartoffelkochen mit einer Messerspitze prüfen, ob die Knollen innen noch hart sind.

Rote Bete in 1 cm große Würfel schneiden. Feldsalat gründlich waschen, verlesen, mit der Salatschleuder trocknen. Nusskerne klein schneiden. In einer Schüssel die Rote Bete mit Feldsalat und Nüssen mischen, mit einer Vinaigrette aus Öl, Essigen, Salz und Pfeffer anmachen. Ein köstlicher Wintersalat!

Einkaufsliste

Feldsalat mit Rote Bete und Walnüssen

- ○ Rote Bete
- ○ Salz
- ○ Kümmel
- ○ Essig
- ○ Feldsalat
- ○ Walnüsse
- ○ Walnussöl
- ○ Rotweinessig
- ○ Aceto Balsamico
- ○ Pfeffer

Was noch:

- ○ ______________________
- ○ ______________________
- ○ ______________________
- ○ ______________________
- ○ ______________________
- ○ ______________________
- ○ ______________________
- ○ ______________________
- ○ ______________________
- ○ ______________________

Gemüsesalat

- *800 g fest kochende Kartoffeln*
- *4 große Zwiebeln*
- *je 1 rote, gelbe und grüne Paprikaschote*
- *2-4 Knoblauchzehen*
- *2 Fleischtomaten*
- *1/4 l Olivenöl extra nativ*
- *Salz, Pfeffer aus der Mühle*
- *2 Zweige frischer Thymian*
- *1/8 l Weißwein*
- *1 EL Aceto Balsamico*
- *2-3 EL Weißweinessig*
- *1 Bund Basilikum*

Die Kartoffeln waschen, schälen und in große Würfel schneiden. Die Zwiebeln schälen und vierteln.

Die Paprikaschoten waschen, halbieren, Stiele, Kerne und Trennwände entfernen. Die Schoten in Würfel schneiden. Die Knoblauchzehen pellen und fein hacken.

Die Tomaten kurz mit kochendem Wasser überbrühen, häuten und halbieren, die Kerne entfernen und die Tomatenhälften in kleine Stücke schneiden.

In einem Schmortopf das Olivenöl erhitzen. Zuerst die Zwiebeln und den Knoblauch darin glasig dünsten, dann die Kartoffel- und die Paprikawürfel zugeben. Mit Salz und Pfeffer würzen und die Thymianzweige dazugeben. Mit dem Weißwein übergießen und zugedeckt bei schwacher Hitze 30 Minuten garen. Dann die Tomaten unter das Gemüse mischen und alles noch etwa 20 Minuten garen, bis die Tomaten verkocht sind.

Die Gemüsemischung mit den beiden Essigsorten, Salz und Pfeffer abschmecken und bei Zimmertemperatur abkühlen lassen (nicht im Kühlschrank, sonst leidet das feine Aroma). Etwa 5 Stunden durchziehen lassen.

Zum Servieren das Basilikum waschen und die Blättchen grob hacken. Den Gemüsesalat mit dem Basilikum bestreuen und servieren.

Einkaufsliste

Gemüsesalat

- ○ Kartoffeln
- ○ Zwiebeln
- ○ Paprikaschoten
- ○ Knoblauch
- ○ Fleischtomaten
- ○ Olivenöl
- ○ Salz, Pfeffer
- ○ Thymian
- ○ Weißwein
- ○ Aceto Balsamico
- ○ Weißweinessig
- ○ Basilikum

Was noch:

- ○ ______
- ○ ______
- ○ ______
- ○ ______
- ○ ______
- ○ ______
- ○ ______
- ○ ______
- ○ ______
- ○ ______

Fenchel-Orangen-Salat

- 2 Orangen
- 2 Fenchelknollen
- ein Stück Parmesan-Käse
- 1 Hand voll schwarze Oliven (ohne Stein)
- 2-3 EL Honigessig (oder ein anderer milder Obstessig)
- 4 EL neutrales Pflanzenöl
- Salz, Pfeffer aus der Mühle

Die Orangen mit einem scharfen Messer so dick bis ins Fruchtfleisch schälen, dass auch die weiße Haut entfernt wird. Die Fruchtspalten zwischen den hellen Trennhäuten herausschneiden, dabei den Saft auffangen.

Von den Fenchelknollen jeweils den Strunk entfernen, die Knollen waschen und unansehnliche Stellen ausschneiden. Die Knollen mit einem Gurkenhobel sehr fein hobeln. Dann den Parmesan ebenso fein hobeln. Die Fenchel- und Parmesanscheiben vorsichtig mit den Orangenfilets vermischen.

Die Oliven halbieren und zum Salat geben. Aus dem Essig mit dem aufgefangenen Orangensaft, dem Pflanzenöl, Salz und Pfeffer eine Salatsauce rühren, über den Fenchel-Orangen-Salat gießen und alles noch einmal behutsam vermischen.

Einkaufsliste

Fenchel-Orangen-Salat

- ○ Orangen
- ○ Fenchelknollen
- ○ Parmesan
- ○ Oliven
- ○ Honigessig
- ○ Pflanzenöl
- ○ Salz, Pfeffer

Was noch:

- ○ ______________________
- ○ ______________________
- ○ ______________________
- ○ ______________________
- ○ ______________________
- ○ ______________________
- ○ ______________________
- ○ ______________________
- ○ ______________________
- ○ ______________________

Rucola-Brunnenkresse-Salat mit Birne und Roquefort

- 1 Bund Rucola (möglichst mit großen runden Blättern)
- 1 Bund Brunnenkresse
- 2 reife, aromatische Birnen (z. B. Williams Christ oder Abate Fetel)
- 1/2 TL Korianderkörner
- 50 g Butter
- 1 TL brauner Zucker
- 2 EL Aceto Balsamico
- Salz, Pfeffer aus der Mühle
- 125 g Roquefort oder ähnlicher Blauschimmelkäse

Rucola und die Brunnenkresse verlesen, gründlich waschen, die harten, gröberen Stiele entfernen. Die Salate trockenschleudern.

Die Birnen schälen, vierteln oder (je nach Reife) achteln und die Kerngehäuse ausschneiden. Die Korianderkörner im Mörser zerstoßen.

Rucola- und Kresseblättchen auf Tellern anrichten.

Die Hälfte der Butter in einer Pfanne erhitzen, Zucker und den Koriander darin verrühren. Die Birnen in die Pfanne legen und unter Wenden braten, bis sie glasiert sind. Auf den Salat legen.

Die restliche Butter in der Pfanne schmelzen lassen, den Balsamessig einrühren, mit etwas Salz und Pfeffer abschmecken und über den Salat löffeln.

Den Roquefort zerbröckeln und über den Salat streuen. Lauwarm servieren.

Einkaufsliste

Rucola-Brunnenkresse-Salat mit Birne und Roquefort

- ○ Rucola
- ○ Brunnenkresse
- ○ Birnen
- ○ Koriander
- ○ Butter
- ○ Zucker
- ○ Aceto Balsamico
- ○ Salz, Pfeffer
- ○ Roquefort

Was noch:

- ○ ____________________
- ○ ____________________
- ○ ____________________
- ○ ____________________
- ○ ____________________
- ○ ____________________
- ○ ____________________
- ○ ____________________
- ○ ____________________
- ○ ____________________

Renates grüne Sauce mit Eiern

- mindestens 6 verschiedene Kräuter, zum Beispiel:
  1 Bund Schnittlauch
  1 Bund Dill
  1 Bund Estragon
  1 Bund Sauerampfer
  1 Bund Kerbel
  1 Bund Petersilie (glatte)
  1 Kästchen Gartenkresse
  eventuell auch noch Borretsch und Pimpinelle
- 1/2 Tasse Milch
- 2 Becher Vollmilch-Joghurt
- 1/2 Becher Crème fraîche
- etwas Zitronensaft
- Salz, Pfeffer aus der Mühle

Die ganzen Kräuter waschen und trocknen, die harten Stiele entfernen und die Blätter klein schneiden. Den Schnittlauch in feine Röllchen schneiden. Die Kräuter in einen hohen Becher geben, die Milch dazugießen und alles mit dem Pürierstab so lange mixen, bis alles fein zerkleinert, cremig und dickflüssig ist.

Den Joghurt dazurühren und die Crème fraîche untermischen. Mit etwas Zironensaft, Salz und Pfeffer würzen.

Die Sauce kalt zu gekochtem grünem Spargel servieren.

Die Sauce schmeckt auch gut zu kaltem Geflügel und zu kaltem Braten. Oder: hart gekochte Eier halbieren, gegarte Crevetten (Riesengarnelen) halbieren, beides auf Tellern anrichten und mit der Sauce übergießen.

Einkaufsliste

Renates grüne Sauce mit Eiern

- ○ Schnittlauch
- ○ Dill
- ○ Estragon
- ○ Sauerampfer
- ○ Kerbel
- ○ Petersilie
- ○ Gartenkresse
- ○ Milch
- ○ Vollmilch-Joghurt
- ○ Crème fraîche
- ○ Zitronensaft
- ○ Salz, Pfeffer

Was noch:

- ○ ____________________
- ○ ____________________
- ○ ____________________
- ○ ____________________
- ○ ____________________
- ○ ____________________
- ○ ____________________
- ○ ____________________
- ○ ____________________
- ○ ____________________

Ziegen-Frischkäse mit Riesling-Vinaigrette

- 4 kleine Ziegen-Frischkäse
- Mehl, 1 Ei und Semmelbrösel
- ca. 5 EL Olivenöl
- etwa 150 g bunt gemischte Salatblätter (Feldsalat, Frisée, Rucola, Radicchio)
- 2 Schalotten
- 3 EL Weißweinessig
- 4 EL trockener Riesling
- Salz, Pfeffer aus der Mühle
- 1 Prise Zucker
- 1 EL Schnittlauchröllchen

Die Ziegen-Frischkäse nacheinander in Mehl, verkleppertem Ei und Semmelbröseln wälzen. In etwas Öl goldbraun braten.

Die Salatblätter waschen und gut trocknen. Die Schalotten pellen und fein hacken. Mit dem Essig und dem Riesling verrühren, salzen, pfeffern und eine Prise Zucker zugeben. Etwa 3 EL Olivenöl mit einer Gabel kräftig unterschlagen, die Schnittlauchröllchen unterziehen.

Die Salatblätter auf Teller verteilen, die gebratenen Ziegen-Frischkäse darauf setzen und mit der Vinaigrette beträufeln.

Dazu passt Walnussbrot.

Einkaufsliste

Ziegen-Frischkäse mit Riesling-Vinaigrette

- ○ Ziegen-Frischkäse
- ○ Mehl, Ei und Semmelbrösel
- ○ Olivenöl
- ○ Salatblätter
- ○ Schalotten
- ○ Weißweinessig
- ○ Riesling
- ○ Salz, Pfeffer
- ○ Zucker
- ○ Schnittlauch

Was noch:

- ○ ______________________
- ○ ______________________
- ○ ______________________
- ○ ______________________
- ○ ______________________
- ○ ______________________
- ○ ______________________
- ○ ______________________
- ○ ______________________
- ○ ______________________

Angemachter Frischkäse

- *3 Päckchen Doppelrahm-Frischkäse*
- *2 Bund Frühlingszwiebeln*
- *Cayennepfeffer*
- *Salz, frisch gemahlener schwarzer Pfeffer*
- *1-2 Olivenbrote oder italienische Weißbrote*

Den Frischkäse in eine Schüssel geben und mit einer stabilen Gabel zerdrücken. Die Frühlingszwiebeln putzen und bis zum Grünen hin in Scheiben schneiden. Mit dem Frischkäse vermischen und mit viel Cayennepfeffer, Salz und Pfeffer abschmecken, die Masse soll richtig rosarot aussehen. Wer es nicht so scharf mag, kann auch edelsüßes Paprikapulver nehmen.

Der Frischkäse schmeckt besonders gut auf in Scheiben geschnittenem Olivenbrot. Aber auch auf Weißbrot oder frischem, dunklem Brot.

Einkaufsliste

Angemachter Frischkäse

- Doppelrahm-Frischkäse
- Frühlingszwiebeln
- Cayennepfeffer
- Salz, Pfeffer
- Olivenbrot

Was noch:

- ____________________
- ____________________
- ____________________
- ____________________
- ____________________
- ____________________
- ____________________
- ____________________
- ____________________
- ____________________

Safran-Toast

Für 4–6 Personen:

- 1 Baguette
- 3 Eier
- 200 ml Milch
- 1 Döschen Safran-Fäden
- Öl zum Braten
- etwa 200 g Tomaten-Chutney
- etwa 150 g Crème fraîche
- 8 Kumquats (Zwergorangen), frisch oder aus der Dose oder unbehandelte Orangenschale

Das Brot in fingerdicke Scheiben schneiden, nebeneinander auf einer großen Platte auslegen und über Nacht in der Küche oder etwa 30 Minuten bei mäßiger Hitze (100 °C) im leicht geöffneten Backofen trocknen lassen.

In einer Schüssel die Eier mit Milch und den Safranfäden gut verrühren, 30 Minuten ziehen lassen, dann die Baguettescheiben auf ein Kuchengitter setzen und abtropfen lassen. In einer Pfanne in heißem Öl bei mittlerer Hitze etwa 3 Minuten auf jeder Seite ausbacken.

Die fertigen Brotscheiben mit Tomaten-Chutney und glatt gerührter Crème fraîche betupfen. Die Kumquats in Scheiben schneiden, die Kerne mit einem spitzen Messer entfernen, die Brotscheiben damit garnieren. Ganz frisch servieren.

Einkaufsliste

Safran-Toast

- ○ Baguette
- ○ Eier
- ○ Milch
- ○ Safran
- ○ Öl
- ○ Tomaten-Chutney
- ○ Crème fraîche
- ○ Kumquats

Was noch:

- ○ ______________________
- ○ ______________________
- ○ ______________________
- ○ ______________________
- ○ ______________________
- ○ ______________________
- ○ ______________________
- ○ ______________________
- ○ ______________________
- ○ ______________________

Selbst gebackenes Bauernbrot

- 1 kg Weizenvollkornschrot
- 1 kg Roggenmehl oder Roggenschrot
- 3 TL Salz
- 3 Würfel Hefe
- 3 Packungen flüssiger Sauerteig (Reformhaus, Bioladen)
- Mehl für die Arbeitsfläche und das Backblech

Nach Geschmack kommen noch dazu:

- Haferkleie
- Sesamsaat
- Hirse
- Sonnenblumenkerne
- Kürbiskerne
- grob gehackte Wal- oder Haselnüsse
- Kümmel, Kardamom, Koriander

Die beiden Mehlsorten mit dem Salz und etwa 1 l lauwarmem Wasser in einer großen Schüssel verrühren. Die Hefewürfel in 5 EL Wasser auflösen, zum Mehl geben und gut vermischen. Etwa 10 Minuten gehen lassen.

Den Sauerteig zugeben und den Teig auf der mit Mehl bestreuten Arbeitsfläche sehr gründlich und andauernd kneten, das sollte 15 Minuten dauern. Dabei müssen all die magischen Sprüche und guten Gedanken hinein, die man dem Brot mitgeben will. Nun den Teig mit einem Tuch bedecken und erst einmal 1 Stunde oder länger an einem warmen Fleck aufgehen lassen.
Dann werden nach Geschmack Haferkleie, Sesam, Hirse oder Kerne, Nüsse und auf jeden Fall Gewürze zum Teig geknetet. Wenn das Ganze zu fest ist, noch etwas lauwarmes Wasser untermischen.

Den Teig halbieren und zu 2 Broten formen. Ein Backblech mit Mehl bestreuen, die Brote darauf legen und mit einem Tuch abdecken. Nochmals an einer warmen Stelle 1 Stunde gehen lassen.
Den Backofen auf 220 °C vorheizen. Die Brote hineinschieben und 10 Minuten backen, dann die Hitze auf 200 °C herunterschalten, eine Tasse mit Wasser auf den Boden des Backofens stellen, damit die Kruste nicht austrocknet. Die Brote 50 Minuten bis 1 Stunde backen. Sie sind fertig, wenn sie beim Klopfen gegen den Boden hohl klingen. Auf einem Rost auskühlen lassen. Nicht heiß essen! Schmeckt herrlich zu Käse und Rotwein.

Einkaufsliste

Selbst gebackenes Bauernbrot

- ○ Weizenvollkornschrot
- ○ Roggenmehl
- ○ Salz
- ○ Hefe
- ○ flüssiger Sauerteig
- ○ Mehl
- ○ Haferkleie
- ○ Sesamsaat
- ○ Hirse
- ○ Sonnenblumenkerne
- ○ Kürbiskerne
- ○ Wal- oder Haselnüsse
- ○ Kümmel, Kardamom, Koriander

Was noch:

- ○ ______________________________
- ○ ______________________________
- ○ ______________________________
- ○ ______________________________
- ○ ______________________________
- ○ ______________________________
- ○ ______________________________
- ○ ______________________________
- ○ ______________________________
- ○ ______________________________

Suppen, Eintöpfe und Aufläufe

Suppen im klassischen Küchensinn sind Vorspeisen. Neben modernen, leichten und gesunden Suppen, die schnell zuzubereiten sind und sich gut als Vorsuppe eignen, finden Sie unter dieser Rubrik aber auch die Klassiker unter den Suppen, Eintöpfen und Aufläufen: Feines Linsensüppchen, Bohnensuppe und Wirsing-Auflauf – kräftige, deftige Gerichte, die lange kochen müssen und aufgewärmt oft am besten schmecken.

Diese Klassiker sind nicht nur ein fließender Übergang von der Vorspeise zum Hauptgericht, sondern auch – wie z. B. Kohlrabi-Eintopf mit Kasseler und Gänsekeulen – Hauptgerichte ganz eigener Qualität, die sich wunderbar für ein fröhliches, ungezwungenes Essen mit vielen Freunden eignen.

Gazpacho

- *5 große Tomaten, ersatzweise 1-2 Päckchen gehackte Tomaten*
- *2 Zwiebeln*
- *2-3 Knoblauchzehen*
- *1 Salatgurke*
- *1 grüne Paprikaschote*
- *1 rote Paprikaschote*
- *3 EL Olivenöl*
- *1 EL Essig*
- *Salz, Pfeffer*
- *2-3 Scheiben Weißbrot*
- *25 g Butter*

Für diese kalte Gemüsesuppe aus Spanien die Tomaten brühen und häuten, dann vierteln und den grünen Strunk entfernen. Zwiebeln und die Knoblauchzehen pellen, die Gurke schälen, halbieren und die Kerne mit einem Löffel herauskratzen. Die Paprikaschoten waschen, vierteln und die Kerne sowie die inneren weißen Trennwände entfernen.

Alle Gemüse zusammen mit Öl und Essig im Mixer pürieren, mit Salz und Pfeffer abschmecken und in einer Schüssel im Kühlschrank bis zum Servieren kalt stellen.

Kurz vor dem Auftragen die Weißbrotscheiben in Würfel schneiden und in einer kleinen Pfanne in Butter zu Croûtons braten; diese zu der Suppe reichen. Besonders appetitlich sieht es aus, wenn man zur Suppe verschiedene Schälchen mit feinen Würfeln von Gurke, Paprika, Tomaten und Zwiebeln stellt; jeder nimmt davon nach Belieben.

Einkaufsliste

Gazpacho

- ○ Tomaten
- ○ Zwiebeln
- ○ Knoblauch
- ○ Salatgurke
- ○ Paprikaschoten
- ○ Olivenöl
- ○ Essig
- ○ Salz, Pfeffer
- ○ Weißbrot
- ○ Butter

Was noch:

- ○ ______________________________
- ○ ______________________________
- ○ ______________________________
- ○ ______________________________
- ○ ______________________________
- ○ ______________________________
- ○ ______________________________
- ○ ______________________________
- ○ ______________________________
- ○ ______________________________

Gurkensuppe mit Joghurt

- 1 mittelgroße Salatgurke
- 1 Gemüsebrühwürfel
- 1 Becher griechischer Joghurt (Sahne-Joghurt)
- 1/2 TL Meersalz
- frisch gemahlener Pfeffer
- 1 Knoblauchzehe
- Saft von 1/2 Zitrone
- 1/2 Bund frischer Dill

Die Zutaten erinnern vielleicht an griechisches Tsatsiki, aber die Suppe schmeckt ganz anders, ist leicht, säuerlich und erfrischt schön im Sommer.

Die Gurke waschen und mit einem Sparschäler schälen, in kleine Würfel schneiden. In einem Topf den Brühwürfel mit etwas Wasser erhitzen, bis er sich aufgelöst hat. Die Gurkenwürfel zugeben und (ohne Fett!) andünsten, bis die Stücke leicht glasig sind, dabei öfter umrühren. Der Joghurt wird mit Salz und Pfeffer, der zerdrückten Knoblauchzehe und dem Zitronensaft verrührt und über die Gurken gegossen. Den grob gehackten Dill darüber streuen und servieren.

Wer mag, kann die fertige Suppe noch im Mixer pürieren.

Einkaufsliste

Gurkensuppe mit Joghurt

- Salatgurke
- Gemüsebrühwürfel
- griechischer Joghurt
- Meersalz
- Pfeffer
- Knoblauch
- Zitrone
- Dill

Was noch:

- ___
- ___
- ___
- ___
- ___
- ___
- ___
- ___
- ___
- ___

Brotsuppe

- *1 große Zwiebel*
- *2-3 Knoblauchzehen*
- *1 kleine Möhre*
- *2-3 Lauchzwiebeln oder 1 kleine Stange Lauch*
- *100 g Butter*
- *700 ml (knapp 1 Flasche) Weißwein, in 2 Teile (500 und 200 ml) aufteilen*
- *evtl. Kümmel*
- *3 altbackene Semmeln (Brötchen)*
- *1 l Gemüsebrühe*
- *1 Msp. Zucker*
- *ein paar Brotrinden (nicht zu altbacken, am besten von verschiedenen Brotsorten)*
- *Salz, Pfeffer, Muskat*
- *etwas gehackte Petersilie und Schnittlauch*
- *Parmesan (nach Belieben)*

Die Zwiebel, Knoblauchzehen, Möhre und Lauchzwiebeln klein hacken und in einem Topf in der Hälfte der Butter andünsten. Dann mit 500 ml Weißwein aufgießen, nach Belieben mit Kümmel würzen. Die Semmeln (Brötchen) in Bröckchen schneiden und in einem Küchenhandtuch „mahlen", also in kleinste Brösel zerdrücken. In den Topf geben. Brühe und Zucker dazugeben und alles einköcheln lassen, bis sich das Brot aufgelöst hat. Den Topf vom Herd nehmen und die Suppe pürieren.

Nebenbei in einer Pfanne die restliche Butter erhitzen und die in Würfel geschnittene Rinde darin anrösten.

Die Suppe mit dem restlichen Wein, Salz, Pfeffer und Muskat abschmecken und nur noch einmal erwärmen, nicht mehr kochen lassen.

Die gerösteten Brotrindenwürfel auf Suppenteller verteilen und die Brotsuppe darüber schöpfen. Mit Petersilie und Schnittlauch bestreut servieren.

Wer mag, gibt frisch geriebenen Parmesan darüber.

alfredissimo! Kochen mit BIO

Einkaufsliste

Brotsuppe

- ○ Zwiebel
- ○ Knoblauch
- ○ Möhre
- ○ Lauchzwiebeln
- ○ Butter
- ○ Weißwein
- ○ Semmeln (Brötchen)
- ○ Gemüsebrühe
- ○ Zucker
- ○ Brotrinden
- ○ Salz, Pfeffer, Muskat
- ○ Petersilie, Schnittlauch

Was noch:

- ○ ______________________
- ○ ______________________
- ○ ______________________
- ○ ______________________
- ○ ______________________
- ○ ______________________
- ○ ______________________
- ○ ______________________
- ○ ______________________
- ○ ______________________

Grünkernsuppe

- *250 g Grünkern (ganze Körner, nicht geschrotet)*
- *4-5 Fleischtomaten (sonnengereift, z. B. Strauchtomaten aus südlichen Ländern)*
- *Instant-Gemüsebrühe oder Paste für Gemüse-Hefebrühe aus dem Reformhaus*
- *kaltgepresstes Olivenöl (nativ extra)*
- *1 Becher Crème fraîche*

Den Grünkern mit einer Getreidemühle frisch schroten (nur im Notfall fertigen Grünkernschrot kaufen, der hat dann leider nicht mehr so viel Aroma). Eine entsprechende Menge Gemüsebrühe in 1 Liter Wasser auflösen. Die Tomaten waschen, Stielansätze entfernen, mit der Haut in Würfel schneiden (die Haut enthält ja auch wertvolle Ballaststoffe).

Etwas Olivenöl in einem Topf erhitzen, den Grünkern darin leicht anrösten, bis er nussig riecht. Dann die Tomatenwürfel hinzugeben und etwas anschmoren, mit der Gemüsebrühe aufgießen und weitere 5-15 Minuten köcheln lassen. Nach Geschmack mit Crème fraîche servieren.

Einkaufsliste

Grünkernsuppe

- ○ Grünkern
- ○ Fleischtomaten
- ○ Instant-Gemüsebrühe
- ○ Olivenöl
- ○ Crème fraîche

Was noch:

- ○ ______________________
- ○ ______________________
- ○ ______________________
- ○ ______________________
- ○ ______________________
- ○ ______________________
- ○ ______________________
- ○ ______________________
- ○ ______________________
- ○ ______________________

Kürbis-Papaya-Suppe

- 1 kg Kürbis
- 2 große Kartoffeln
- etwa 1 l Gemüsebrühe
- 2 Papayas
- 1/2 Becher Sahne
- Salz, Pfeffer aus der Mühle
- Paprikapulver rosenscharf
- Cayennepfeffer
- 1 Bund Petersilie

Den Kürbis schälen und entkernen, das Fruchtfleisch würfeln. Die Kartoffeln waschen, schälen und in Würfel schneiden.

Etwa 3/4 l Gemüsebrühe in einem großen Topf aufsetzen, die Kürbis- und Kartoffelwürfel darin weich kochen.

Die Papayas halbieren, die Kerne und die Innenhaut auskratzen. Papayas schälen und in Stücke schneiden. Zur Suppe geben und nur ganz kurz aufkochen lassen. Die Suppe durch ein Passiersieb streichen (mit dem Pürierstab glatt mixen). Je nach Konsistenz die Suppe mit weiterer Gemüsebrühe aufgießen, noch einmal erhitzen und die Sahne unterrühren.

Die Suppe mit Salz, grob gemahlenem Pfeffer, Paprika und Cayennepfeffer pikant abschmecken. Die Petersilie waschen, Blätter abzupfen und hacken, über die Suppe streuen und servieren.

alfredissimo! Kochen mit BIO

Einkaufsliste

Kürbis-Papaya-Suppe

- O Kürbis
- O Kartoffeln
- O Gemüsebrühe
- O Papayas
- O Sahne
- O Salz, Pfeffer
- O Paprikapulver rosenscharf
- O Cayennepfeffer
- O Petersilie

Was noch:

- O ______________________
- O ______________________
- O ______________________
- O ______________________
- O ______________________
- O ______________________
- O ______________________
- O ______________________
- O ______________________
- O ______________________

Spanische Kürbissuppe

Für etwa 8 Personen:

- 1 kg Kürbis
- 150 g Zwiebeln (2 kleine oder 1 große)
- 80 g Speisefett (oder 1/2 Butter, 1/2 Erdnussöl)
- 300 g Kartoffeln (3 Stück)
- 3 reife Tomaten
- 1 EL Tomatenmark
- 1/2 TL Kurkuma
- 2 kleine Lorbeerblätter
- gemahlener weißer Pfeffer
- 1 EL Hühnerbouillon oder gekörnte Brühe
- 300 g flüssiger Rahm (süße Sahne)
- etwas geschlagene Sahne zum Garnieren

Den Kürbis schälen, Kerne mit den Fasern entfernen. Das Kürbisfleisch in kleine Stücke schneiden. Die Zwiebeln pellen, würfeln und im Speisefett hell andünsten. Die Kürbisstücke dazugeben, ebenfalls etwas andünsten, dann etwa 2 1/2 Liter Wasser aufgießen. Die rohen Kartoffeln schälen und in Scheiben schneiden, dazugeben. Die Tomaten mit kochendem Wasser kurz überbrühen, häuten und die Kerne ausdrücken. Das Fruchtfleisch mit dem Tomatenmark zur Suppe geben. Die Gewürze mit Hühnerbouillon (oder etwas gekörnter Brühe) zugeben, alles mindestens 30 Minuten leise kochen lassen.

Dann die Lorbeerblätter aus der Brühe fischen und die Suppe in den Mixer geben, pürieren, wieder zurück in den Topf gießen und aufkochen. Den flüssigen Rahm unterrühren und erneut aufkochen – aufgepasst, das kocht leicht über! Noch abschmecken. Ganz fein: Zuletzt ein Stück frische Butter zugeben. Zum Servieren etwas geschlagenen Rahm in die Mitte setzen.

Einkaufsliste

Spanische Kürbissuppe

- ○ Kürbis
- ○ Zwiebeln
- ○ Speisefett
- ○ Kartoffeln
- ○ Tomaten
- ○ Tomatenmark
- ○ Kurkuma
- ○ Lorbeerblätter
- ○ Pfeffer
- ○ Hühnerbouillon
- ○ Rahm

Was noch:

- ○ ______________________
- ○ ______________________
- ○ ______________________
- ○ ______________________
- ○ ______________________
- ○ ______________________
- ○ ______________________
- ○ ______________________
- ○ ______________________
- ○ ______________________

Feines Linsensüppchen

- *150 g kleine grüne französische Linsen (oder rote Linsen)*
- *1 Zwiebel*
- *1 Möhre*
- *1 Stange Lauch*
- *1 unbehandelte Zitrone*
- *1 Zweig frischer Estragon oder 1/2 TL getrockneter Estragon*
- *1 Stück Räucheraal als Einlage*
- *2 EL Olivenöl*
- *1 l Instant-Gemüsebrühe (Reformhaus)*
- *1 Glas Weißwein*
- *2 Becher Sahne*
- *2 EL Crème fraîche*
- *Salz, Pfeffer, Cayennepfeffer*

Kleine grüne Linsen eventuell 2 Stunden in kaltem Wasser einweichen (rote Linsen nicht). Zwiebel, Möhre und den Lauch putzen, in Streifchen schneiden. Zitronenschale in feinste Streifen schneiden. Estragon waschen, die Blättchen abzupfen. Räucheraal in Stücke teilen, zur Seite stellen.

Olivenöl in einem Topf erhitzen. Linsen mit Gemüse und Zitronenschale unter Rühren anbraten. Die heiße Brühe und Wein aufgießen. Aufkochen und etwa 20 Minuten köcheln lassen, gelegentlich umrühren. Sahne und Crème fraîche zugeben, mit Salz, Pfeffer und Cayennepfeffer abschmecken, eventuell im Mixer (mit dem Pürierstab) etwas pürieren und die Estragonblätter dazugeben. Zuletzt die Aalstücke kurz in der Suppe erhitzen.

Dazu passt ein Weißwein, zum Beispiel ein Grauburgunder vom Kaiserstuhl (Baden).

Einkaufsliste

Feines Linsensüppchen

- ○ Linsen
- ○ Zwiebel
- ○ Möhre
- ○ Lauch
- ○ Zitrone
- ○ Estragon
- ○ Räucheraal
- ○ Olivenöl
- ○ Instant-Gemüsebrühe
- ○ Weißwein
- ○ Sahne
- ○ Crème fraîche
- ○ Salz, Pfeffer, Cayennepfeffer

Was noch:

- ○ ______________________
- ○ ______________________
- ○ ______________________
- ○ ______________________
- ○ ______________________
- ○ ______________________
- ○ ______________________
- ○ ______________________
- ○ ______________________
- ○ ______________________

Chili sin Carne

- 2-3 Möhren
- 3-4 Stangen Staudensellerie
- 4 Paprikaschoten (2 grüne, 1 gelbe und 1 rote Schote)
- 1 Zucchini
- 3 mittelgroße Zwiebeln
- Olivenöl
- 1 Glas Tomatensauce (oder Tomatenmark)
- 1 Dose geschälte Tomaten
- 2 kleine Dosen Kidney-Bohnen (rote Bohnen)
- 2 EL Kreuzkümmel (Cumin)
- 2 EL Paprikapulver rosenscharf
- 1 EL Oregano
- 1 EL getrocknetes Basilikum oder 10 frische Basilikumblätter
- Salz, Pfeffer aus der Mühle
- Tabasco
- saure Sahne zum Garnieren

Alle Gemüsesorten waschen, putzen und, soweit sinnvoll, schälen. In kleine Stücke schneiden.

In einem großen Topf reichlich Olivenöl erhitzen. Zunächst die Möhren bei mäßiger Hitze etwa 8 Minuten braten. Dann die Staudensellerie- und die Paprikastücke zugeben, weitere 5 Minuten anbraten. Jetzt die Zucchini und die Zwiebeln untermischen und noch 3 bis 4 Minuten braten. Die Tomatensauce, die geschälten Tomaten und die Kidney-Bohnen ebenfalls in den Topf geben. Alles zum Kochen bringen und mit den Gewürzen, Kräutern, Salz und Pfeffer abschmecken.

Zugedeckt etwa 1 Stunde leise köcheln lassen, dabei ab und zu umrühren, bei Bedarf ein wenig Wasser angießen.

Zum Schluss das Chili mit Tabasco nach Geschmack „schärfen" und mit einem Häubchen saurer Sahne ganz heiß servieren.

alfredissimo! Kochen mit BIO

Einkaufsliste

Chili sin Carne

- ○ Möhren
- ○ Staudensellerie
- ○ Paprikaschoten
- ○ Zucchini
- ○ Zwiebeln
- ○ Olivenöl
- ○ Tomatensauce
- ○ geschälte Tomaten
- ○ Kidney-Bohnen
- ○ Kreuzkümmel
- ○ Paprikapulver rosenscharf
- ○ Oregano
- ○ Basilikum
- ○ Salz, Pfeffer
- ○ Tabasco
- ○ saure Sahne

Was noch:

- ○ ______________________
- ○ ______________________
- ○ ______________________
- ○ ______________________
- ○ ______________________
- ○ ______________________
- ○ ______________________
- ○ ______________________
- ○ ______________________
- ○ ______________________

Vegetarische Lauchsuppe

- 3 Lauchstangen
- 1 l Gemüsebrühe, aus Paste bereitet (Reformhaus)
- 1 Bund Schnittlauch
- etwas frischer Liebstöckel
- Salz, Pfeffer

Das Weiße vom Lauch putzen, gründlich waschen und in Scheiben schneiden.

Die Brühe aufkochen und den Lauch kurz darin garen. Schnittlauch und Liebstöckel fein schneiden.

Die Suppe mit Salz und Pfeffer abschmecken, auf Teller verteilen und mit den gehackten Kräutern bestreuen.

Einkaufsliste

Vegetarische Lauchsuppe

- ○ Lauch
- ○ Gemüsebrühe
- ○ Schnittlauch
- ○ Liebstöckel
- ○ Salz, Pfeffer

Was noch:

- ○ ______________________
- ○ ______________________
- ○ ______________________
- ○ ______________________
- ○ ______________________
- ○ ______________________
- ○ ______________________
- ○ ______________________
- ○ ______________________
- ○ ______________________

Maronencremesuppe

Für 8 Personen:

- *3 Möhren*
- *2 Stangen Staudensellerie mit Blättern*
- *3 Zwiebeln, mittelgroß*
- *2 EL Butter*
- *1 1/2 l Hühnerbrühe, am besten selbst gekocht*
- *1/4 l Weißwein, natürlich trocken*
- *1 kleine Zwiebel*
- *3 Gewürznelken*
- *750 g geschälte, gekochte Maronen (Esskastanien) aus Gläsern, Dosen oder aus der Vakuumverpackung*
- *Salz, Zucker, Pfeffer*
- *1/4 l Crème fraîche*
- *3-4 EL guter Cognac*

Die Möhren schälen und klein würfeln. Staudensellerie waschen, samt Blättern klein schneiden. Die 3 mittelgroßen Zwiebeln pellen und fein hacken. In einem großen Topf die Butter erhitzen und die Gemüsewürfel bei kräftiger Hitze unter Rühren etwa 10 Minuten andünsten. Die Brühe und den Wein angießen. Die kleine Zwiebel schälen und mit den Nelken spicken. Von den Maronen 8 Stück zur Seite legen, die restlichen mit der gespickten Zwiebel in die Brühe geben. 25 Minuten leise köcheln lassen, dann die Zwiebel mit den Nelken herausfischen, wegwerfen.

Die Suppe im Mixer (oder mit dem Stabmixer im Topf) pürieren. Falls sie zu dick ist, mit etwas Brühe oder Weißwein flüssiger machen.

Die zur Seite gelegten Maronen klein schneiden.

Suppe mit Salz, Zucker und Pfeffer (natürlich frisch aus der Mühle) abschmecken. Kurz vor dem Servieren die Crème fraîche in die heiße Suppe rühren, erst ganz zum Schluss den Cognac, damit sein Aroma nicht verfliegt. Die klein geschnittenen Maronen auf 8 Suppenteller verteilen und die heiße Suppe darüber schöpfen.

Einkaufsliste

Maronencremesuppe

- ○ Möhren
- ○ Staudensellerie
- ○ Zwiebeln
- ○ Butter
- ○ Hühnerbrühe
- ○ Weißwein
- ○ Gewürznelken
- ○ Maronen
- ○ Salz, Zucker, Pfeffer
- ○ Crème fraîche
- ○ Cognac

Was noch:

- ○ ______________________
- ○ ______________________
- ○ ______________________
- ○ ______________________
- ○ ______________________
- ○ ______________________
- ○ ______________________
- ○ ______________________
- ○ ______________________
- ○ ______________________

Pilzsuppe

- 500 g Champignons oder braune Egerlinge
- 100 g durchwachsener Speck
- 1 größere Zwiebel
- 250 g Kartoffeln
- 1 Bund Petersilie
- 2 EL Butter
- 1/2 l Brühe
- 1 Becher Sahne
- Salz, Pfeffer
- etwas getrockneter Thymian

Die Pilze, wenn sie nicht zu verunreinigt sind, möglichst nur trocken putzen (zum Beispiel mit einem Kuchenpinsel) und feinblättrig schneiden. Speck und die Zwiebel in kleine Würfel schneiden, die Petersilie waschen und fein hacken.

Die Kartoffeln schälen und in 1 cm große Würfel schneiden. In einem Topf den Speck etwas auslassen, dann die Zwiebel mit der Butter dazugeben und kurz andünsten. Die Pilze dazurühren und etwa 5 Minuten im Topf dünsten, dann mit der Brühe aufgießen und die Kartoffelwürfel dazugeben, den Deckel auflegen und bei mäßiger Hitze etwa 30 Minuten köcheln lassen, dann die Sahne zugiessen und nochmals aufkochen lassen. Mit Salz, Pfeffer und Thymian würzen und mit Petersilie bestreut servieren.

Die Suppe kann auch mit dem Mixstab püriert werden, dann wird sie zu einer Cremesuppe.

Einkaufsliste

Pilzsuppe

- Champignons
- durchwachsener Speck
- Zwiebel
- Kartoffeln
- Petersilie
- Butter
- Brühe
- Sahne
- Salz, Pfeffer
- Thymian

Was noch:

- ______________________
- ______________________
- ______________________
- ______________________
- ______________________
- ______________________
- ______________________
- ______________________
- ______________________
- ______________________

Bio's Bohnensuppe

- 200 g geräucherter roher Speck
- 2 große Zwiebeln
- 2 EL neutrales Pflanzenöl
- 2 große Dosen weiße Bohnen mit Suppengemüse
- 1 kleine Flasche Tomatenketchup
- 2 Becher saure Sahne
- 1/2 l Rotwein
- 1 Bouillon-Würfel
- 1 Lorbeerblatt
- Zucker, Salz, Pfeffer
- Paprika edelsüß
- Zitronensaft
- Thymian, Majoran
- Bohnenkraut
- 4-6 Debreziner Würste

Speck in feine Würfel schneiden, die Zwiebeln schälen und etwas größer würfeln. In einem großen Topf das Öl erhitzen und die Speckwürfel auslassen und anbraten. Die Zwiebelwürfel zugeben und glasig dünsten. Bohnen, Ketchup, saure Sahne, Rotwein, den Bouillon-Würfel und das Lorbeerblatt dazugeben, mit Zucker, Salz, Pfeffer, Paprika, einem Schuss Zitronensaft, Thymian, Majoran und Bohnenkraut abschmecken, der Eintopf soll süß-sauer sein. Aufkochen und dann auf kleinster Stufe zugedeckt ziehen lassen – je länger, desto besser, aber Vorsicht, er setzt gern am Topfboden an, also öfter einmal umrühren.

In den letzten 30 Minuten die Debreziner, in 1 cm dicke Scheiben geschnitten, zugeben und mitköcheln lassen.

Einkaufsliste

Bio's Bohnensuppe

- ○ Speck
- ○ Zwiebeln
- ○ Pflanzenöl
- ○ Bohnen
- ○ Tomatenketchup
- ○ Sahne
- ○ Rotwein
- ○ Bouillon-Würfel
- ○ Lorbeerblatt
- ○ Zucker, Salz, Pfeffer
- ○ Paprika edelsüß
- ○ Zitronensaft
- ○ Thymian, Majoran
- ○ Bohnenkraut
- ○ Debreziner Würste

Was noch:

- ○ ____________________
- ○ ____________________
- ○ ____________________
- ○ ____________________
- ○ ____________________
- ○ ____________________
- ○ ____________________
- ○ ____________________
- ○ ____________________
- ○ ____________________

Kalte Kartoffel-Lauchsuppe (Vichyssoise)

Für 6 Personen:

- 3-4 Stangen Lauch
- 500 g Kartoffeln
- 1 1/2 l Hühnerbrühe, selbst gekocht, Instant-Brühe oder Bouillon
- 100 ml Weißwein
- 1 Becher Crème fraîche
- Salz, weißer Pfeffer, Muskatnuss
- 1/2 Bund Schnittlauch
- nach Belieben Räucherlachs oder Kaviar zum Garnieren

Weiße und hellgrüne Teile der Lauchstangen halbieren, unter fließendem Wasser gründlich waschen und in etwa 1 cm breite Streifen schneiden.

Kartoffeln schälen, in Würfel schneiden und zusammen mit dem Lauch in einen Topf geben, die Brühe und den Wein zugießen und ganz weich kochen. Das dauert gut 30 Minuten.

Alles durch ein Sieb in einen zweiten Topf passieren, die Rückstände dabei im Sieb fest ausdrücken. Unter das Gemüsepüree die Crème fraîche rühren, einmal aufkochen und mit Salz und weißem Pfeffer sowie einem Hauch geriebener Muskatnuss abschmecken. Die Suppe abkühlen lassen und in einer Schüssel in Eiswasser mit dem Schneebesen cremig rühren, eventuell zum Schluss mit einem Stabmixer kurz aufquirlen. Schnittlauch waschen, in Röllchen schneiden und auf die Suppe streuen. Wahlweise mit feinen Streifen von echtem Räucherlachs oder – noch feiner – mit Kaviar bestreuen (kein Kaviarersatz!).

Einkaufsliste

Kalte Kartoffel-Lauchsuppe (Vichyssoise)

- ○ Lauch
- ○ Kartoffeln
- ○ Hühnerbrühe
- ○ Weißwein
- ○ Crème fraîche
- ○ Salz, Pfeffer, Muskatnuss
- ○ Schnittlauch
- ○ Räucherlachs

Was noch:

- ○ ____________________
- ○ ____________________
- ○ ____________________
- ○ ____________________
- ○ ____________________
- ○ ____________________
- ○ ____________________
- ○ ____________________
- ○ ____________________
- ○ ____________________

Brunnenkressesuppe

- 2 Bund Brunnenkresse
- 5 Lauchzwiebeln (Frühlingszwiebeln)
- 2 mittelgroße Kartoffeln
- 50 g Butter
- 1 l Hühnerbrühe (oder Gemüsebrühe)
- 1 Becher Crème fraîche
- Salz, Pfeffer aus der Mühle
- Muskatnuss

Die Brunnenkresse verlesen und in lauwarmem Wasser gründlich waschen, harte, gröbere Stiele entfernen. Etwa 1/4 der Blätter zum Garnieren beiseite legen.

Die Lauchzwiebeln putzen und den hellen Teil sowie 3 bis 4 cm vom grünen Lauch in dünne Scheiben schneiden. Die Kartoffeln waschen, schälen und in 1 cm große Würfel schneiden.

Im Suppentopf die Butter zerlassen und die Lauchzwiebeln bei mittlerer Hitze etwas anschwitzen. Die Kresse dazugeben und in 4 bis 5 Minuten zusammenfallen lassen. Die Brühe angießen und die Kartoffelwürfel einrühren. Etwa 10 Minuten köcheln lassen, bis die Kartoffeln weich sind.

Die Crème fraîche einrühren und aufkochen lassen. Mit Salz, Pfeffer und Muskat abschmecken, dann die Suppe mit dem Pürierstab schaumig aufmixen.

Mit den übrigen Kresseblättern garnieren und servieren.

Einkaufsliste

Brunnenkressesuppe

- ○ Brunnenkresse
- ○ Lauchzwiebeln
- ○ Kartoffeln
- ○ Butter
- ○ Hühnerbrühe
- ○ Crème fraîche
- ○ Salz, Pfeffer
- ○ Muskatnuss

Was noch:

- ○ ____________________
- ○ ____________________
- ○ ____________________
- ○ ____________________
- ○ ____________________
- ○ ____________________
- ○ ____________________
- ○ ____________________
- ○ ____________________
- ○ ____________________

Sauerampfersuppe

- 2-3 Bund Sauerampfer (frisch vom Gemüsemarkt oder selbst auf einer ungespritzten, ungedüngten Wiese gesammelt)
- 1 mehlig kochende Kartoffel
- 25 g Butter
- 2 EL neutrales Pflanzenöl (Sonnenblumen- oder Distelöl)
- 3 Gläser Geflügelfond (à 400 ml) oder knapp 1 1/4 l Brühe aus Brühwürfeln zubereitet
- 1 Becher Crème fraîche
- Salz, frisch gemahlener weißer Pfeffer

Den Sauerampfer gründlich waschen, die groben Stiele entfernen. Wenn die Blätter etwas müde aussehen, ein bisschen in kaltem Wasser liegen lassen.

Die Blätter gut trocknen und großzügig hacken – so in etwa 2 cm breite Stücke. Die Kartoffel schälen.

In einem Topf (Stielkasserolle für ca. 2 Liter) halb Pflanzenöl, halb Butter bei mäßiger Hitze zerschmelzen lassen.

Den Sauerampfer darin unter Rühren zusammenfallen lassen, bis er sich gelb-bräunlich färbt (das geht sehr schnell).

Jetzt den Fond oder die Brühe aufgießen und erhitzen. Wenn die Suppe anfängt zu köcheln, die Kartoffel in ganz dünnen Scheiben (am besten mit dem Gurkenhobel raspeln) zugeben. Alles etwa 30 Minuten leise köcheln lassen.

Die Suppe mit einem Stabmixer pürieren und mit dem Kochlöffel durch ein Küchensieb (oder Haarsieb) streichen, damit die Suppe ihre cremige Konsistenz bekommt. Die Crème fraîche (es muss nicht der ganze Becher sein, es reicht auch ein guter Esslöffel voll) unterrühren. Mit Salz und Pfeffer abschmecken. Wenn die Suppe noch etwas milder sein soll, darf auch noch ein Löffel Butter darin schmelzen. Dann gleich servieren.

Dazu passt ein trockener, fruchtiger Roséwein aus Italien.

Einkaufsliste

Sauerampfersuppe

- ○ Sauerampfer
- ○ Kartoffeln
- ○ Butter
- ○ Pflanzenöl
- ○ Geflügelfond
- ○ Crème fraîche
- ○ Salz, Pfeffer

Was noch:

- ○ ______________________
- ○ ______________________
- ○ ______________________
- ○ ______________________
- ○ ______________________
- ○ ______________________
- ○ ______________________
- ○ ______________________
- ○ ______________________
- ○ ______________________

Parmesan-Auberginenauflauf

- 4 Auberginen
- Salz
- etwas Zitronensaft
- 4 Knoblauchzehen
- Distelöl zum Braten
- 200 g frische Champignons
- 2 Zwiebeln
- 200 g grüne Erbsen (tiefgekühlt)
- 500 g geschälte Tomaten
- 1 Bund frisches Basilikum
- Pfeffer, Oregano, Zucker
- 200 g Mozzarella in Scheiben
- 200 g frisch geriebener Parmesan

Auf Italienisch schmeckt das Gericht noch viel schöner auf der Zunge: „Melanzane alla Parmigiana". Trotz des Namens stammt es nicht aus Parma, sondern aus Neapel.

Die Auberginen in hauchdünne Scheiben schneiden, sofort in Salzwasser (am besten mit einem Schuss Zitronensaft) legen, damit sie nicht verfärben. Die Hälfte vom Knoblauch pellen und durchpressen. Die Auberginenscheiben gut abtropfen lassen und mit Küchenkrepp trocknen. Portionsweise in einer Pfanne mit Distelöl auf beiden Seiten braun braten. Die fertig gebratenen Scheiben übereinander stapeln, jede Schicht salzen und mit Knoblauch bestreichen. Die Schichten durch saugfähiges Papier trennen, damit das Öl abtropfen kann.

Während des Bratens die Füllung vorbereiten: Die Champignons putzen, in Scheiben schneiden. Zwiebeln und die restlichen Knoblauchzehen pellen und hacken, in einem Topf in Distelöl schmoren. Die Pilze und Erbsen hinzugeben, anschmoren. Zum Schluss die geschälten Tomaten und gehacktes Basilikum unterrühren. Offen kochen lassen, bis die Sauce schön dick geworden ist. Mit Salz, Pfeffer, Oregano und einer Prise Zucker abschmecken.

Backofen auf 150 °C vorheizen. Eine Auflaufform mit Öl ausstreichen. Eine Schicht Auberginen hineinlegen. Darauf etwas Tomatenfüllung, mit Mozzarellascheiben und Parmesan bedecken. Darauf wieder eine Schicht Auberginen, Tomatenfüllung und so weiter. Die oberste und letzte Schicht besteht wieder aus Auberginen. Dann das Ganze in den Ofen schieben und ca. 20 Minuten brutzeln lassen. Dann den Ofen ausschalten und den Auflauf vorm Anschneiden noch etwas darin ruhen lassen.

Einkaufsliste

Parmesan-Auberginenauflauf

- ○ Auberginen
- ○ Salz
- ○ Zitronensaft
- ○ Knoblauch
- ○ Distelöl
- ○ Champignons
- ○ Zwiebeln
- ○ Erbsen
- ○ geschälte Tomaten
- ○ Basilikum
- ○ Pfeffer, Oregano, Zucker
- ○ Mozzarella
- ○ Parmesan

Was noch:

- ○ ______________________________
- ○ ______________________________
- ○ ______________________________
- ○ ______________________________
- ○ ______________________________
- ○ ______________________________
- ○ ______________________________
- ○ ______________________________
- ○ ______________________________
- ○ ______________________________

Spinat-Hirse-Auflauf

- *300 g Hirse*
- *1 l Gemüsebrühe (oder halb Brühe, halb Milch oder Wasser)*
- *Muskatnuss*
- *gehackte Petersilie*
- *Kräutersalz*
- *Pfeffer*
- *1 kg Blattspinat oder Mangold oder junge Brennnesseln*
- *1 Zwiebel*
- *2 EL Öl*
- *3 EL Butter*
- *evtl. gekörnte Gemüsebrühe*
- *Knoblauch nach Belieben*
- *4 reife Tomaten*
- *2 Kugeln Mozzarella*
- *100 g geriebener Parmesan oder Bergkäse*

Die Hirse in einem Sieb gut abspülen. Mit der Gemüsebrühe in einen großen Topf (man kennt ja die Geschichte vom Hirsebrei) geben und erhitzen, 5 Minuten zugedeckt kochen und bei kleiner Hitze ausquellen lassen (das dauert etwa 20-30 Minuten). Den Hirsebrei mit Muskat, gehackter Petersilie, Kräutersalz und Pfeffer abschmecken.

Die Spinatblätter mehrmals gründlich waschen. Die Zwiebel hacken und in Öl mit 1 EL Butter goldgelb dünsten. Den abgetropften Spinat zugeben und bei starker Hitze kurz zusammenfallen lassen. Mit Kräutersalz oder gekörnter Brühe, zerdrücktem Knoblauch und Muskat abschmecken, ein Flöckchen Butter unterziehen.

Den Backofen auf 200 °C vorheizen. Den Spinat zerzupfen und locker unter den Hirsebrei mischen – die Spinatblätter sollen noch sichtbar sein. In eine gut ausgebutterte Auflaufform füllen.

Tomaten und Mozzarella in Scheiben schneiden, dekorativ auf dem Auflauf auslegen. Mit Pfeffer und geriebenem Käse bestreuen, wer mag, gibt auch noch ein paar Butterflöckchen darüber, damit die Oberfläche schön bräunt.

Im heißen Ofen 20-30 Minuten überbacken (die Garzeit hängt davon ab, ob die Zutaten noch warm oder schon abgekühlt sind).
Dazu passt ein leichter, trockener Weißwein.

Einkaufsliste

Spinat-Hirse-Auflauf

- ○ Hirse
- ○ Gemüsebrühe
- ○ Muskatnuss
- ○ Petersilie
- ○ Kräutersalz
- ○ Pfeffer
- ○ Blattspinat
- ○ Zwiebel
- ○ Öl
- ○ Butter
- ○ Tomaten
- ○ Mozzarella
- ○ Parmesan

Was noch:

- ○ ______________________
- ○ ______________________
- ○ ______________________
- ○ ______________________
- ○ ______________________
- ○ ______________________
- ○ ______________________
- ○ ______________________
- ○ ______________________
- ○ ______________________

Fenchel-Schinken-Nudelauflauf

- 750 g Fenchelknollen
- Salz
- 1 Zitrone
- 250 g Bandnudeln
- 250 g gekochter Schinken in Scheiben
- Butter zum Einfetten der Auflaufform
- 200 g Gruyère-Käse, gerieben
- 2 Eier
- 1 Becher Sahne
- weißer Pfeffer

Die Fenchelknollen waschen, die grünen Stiele und den Wurzelansatz abschneiden, die zarten grünen Blättchen zur Seite legen. Die Knollen vom Grün zum Wurzelansatz halbieren und den festen Strunk keilförmig herausschneiden. Knollen in Salzwasser mit einigen Zitronenscheiben 10-15 Minuten zugedeckt garen, sie sollen nur halb gar sein.

Inzwischen die Nudeln in reichlich sprudelnd kochendem Salzwasser „al dente", also noch mit Biss, kochen.

Schinken in Streifen schneiden, den Backofen auf 180 °C anheizen. Eine Auflaufform mit Butter ausstreichen und abgetropfte Nudeln, in Scheiben geschnittenen Fenchel, Schinkenstreifen und geriebenen Käse schichtweise einfüllen, die letzte Schicht soll Käse sein.

Die Eier mit der Sahne verquirlen und mit Salz und Pfeffer würzen. Das Fenchelgrün fein hacken, untermischen und die Eiersahne über den Auflauf gießen. Im heißen Ofen auf der mittleren Schiene etwa 30 Minuten überbacken. Dazu schmeckt ein herzhaft angemachter grüner Salat.

Einkaufsliste

Fenchel-Schinken-Nudelauflauf

- ○ Fenchelknollen
- ○ Salz
- ○ Zitrone
- ○ Bandnudeln
- ○ gekochter Schinken
- ○ Butter
- ○ Gruyère-Käse
- ○ Eier
- ○ Sahne
- ○ Pfeffer

Was noch:

- ○ ______________________
- ○ ______________________
- ○ ______________________
- ○ ______________________
- ○ ______________________
- ○ ______________________
- ○ ______________________
- ○ ______________________
- ○ ______________________
- ○ ______________________

Wirsing-Auflauf

- *1 Wirsingkohlkopf*
- *Salz*
- *2-3 Schalotten mittlerer Größe*
- *25 g Butter*
- *1 Glas Weißwein*
- *200 g Frühstücksspeck in Scheiben (Bacon)*
- *2 Eier*
- *Pfeffer*
- *etwas frischer oder getrockneter Thymian*
- *500 g Hackfleisch*
- *1 1/2 Becher Sahne*
- *Muskatnuss*

Vom Wirsing den Strunk keilförmig ausschneiden, den Kopf in einzelne Blätter zerlegen, gründlich waschen. In einem großen Topf reichlich Wasser aufkochen, salzen und die Kohlblätter 4 bis 5 Minuten sprudelnd kochen lassen, dann abgießen und abtropfen lassen.

Die Schalotten fein hacken und in einer kleinen Pfanne in Butter andünsten, dann einen Schluck von dem Weißwein dazugießen und köcheln lassen, bis die Flüssigkeit verdampft ist. Vom Herd nehmen.

Den Backofen auf 180 °C vorheizen. Den Boden einer größeren feuerfesten Glas- oder Keramikform mit der Hälfte der Frühstücksspeckscheiben auslegen, die gut abgetropften Kohlblätter bis zu einem Drittel der Formhöhe einfüllen.

Die gedünsteten Schalotten zusammen mit den Eiern, Salz, Pfeffer und Thymian unters Hackfleisch kneten, daraus einen flachen Fladen formen und in die Form auf den Kohl legen. Darüber die restlichen Wirsingblätter verteilen. Die Sahne mit etwas Salz, Pfeffer und frisch geriebener Muskatnuss würzen, gut verrühren und über den Auflauf gießen. Großzügig mit den restlichen Baconscheiben belegen und auf der mittleren Schiene in den heißen Ofen schieben. Backzeit: etwa 45 Minuten. Mit einem Messer in Stücke (wie eine Torte) aufschneiden.

Einkaufsliste

Wirsing-Auflauf

- ○ Wirsing
- ○ Salz
- ○ Schalotten
- ○ Butter
- ○ Weißwein
- ○ Frühstücksspeck
- ○ Eier
- ○ Pfeffer
- ○ Thymian
- ○ Hackfleisch
- ○ Sahne
- ○ Muskatnuss

Was noch:

- ○ ____________________
- ○ ____________________
- ○ ____________________
- ○ ____________________
- ○ ____________________
- ○ ____________________
- ○ ____________________
- ○ ____________________
- ○ ____________________
- ○ ____________________

Ricotta-Soufflé

- 2 Hände voll frisches Basilikum
- 1 Hand voll frische Minze
- 1 Hand voll glatte Petersilie
- 12 schwarze Oliven
- Butter für die Form
- 60 g frisch geriebener Parmesan
- 3 Eier
- 1 Msp. Backpulver
- 500 g frischer Ricotta-Käse
- 125 g Crème double
- Meersalz
- schwarzer Pfeffer aus der Mühle

Die Kräuter vorsichtig waschen und trocknen. Die Oliven entsteinen und hacken. Eine runde Quiche- oder Auflaufform (von etwa 21 cm Durchmesser) mit etwas Butter gleichmäßig ausstreichen. Mit ein wenig von dem geriebenen Parmesan ausstreuen, den überschüssigen Käse wieder aus der Form zu dem übrigen schütteln.

Die Eier trennen. Die Eiweiße mit dem Backpulver zu steifem Schnee schlagen.

Den Backofen auf 230 °C vorheizen. Die Kräuter mit dem Ricotta, den Eigelben und der Crème double in den Mixer füllen und zu einer hellgrünen Masse pürieren. Zum Schluss den Parmesan unterziehen, den Eischnee unterheben und die Soufflémasse mit Salz und Pfeffer abschmecken. In die gefettete Form füllen und die Oliven darüber verteilen.

Im heißen Ofen auf der mittleren Schiene etwa 25 Minuten backen, bis das Soufflé aufgegangen ist und eine braune Kruste hat, innen aber noch weich ist.

Einkaufsliste

Ricotta-Soufflé

- ○ Basilikum
- ○ Minze
- ○ Petersilie
- ○ Oliven
- ○ Butter
- ○ Parmesan
- ○ Eier
- ○ Backpulver
- ○ Ricotta-Käse
- ○ Crème double
- ○ Meersalz
- ○ Pfeffer

Was noch:

- ○ ______
- ○ ______
- ○ ______
- ○ ______
- ○ ______
- ○ ______
- ○ ______
- ○ ______
- ○ ______
- ○ ______

Birnen, Bohnen und Speck

- 4 Scheiben durchwachsener Räucherspeck zu je 150 g
- 1 kg grüne Bohnen
- 2 Stengel Bohnenkraut (oder 1 TL getrocknetes Bohnenkraut)
- 500 g kleine Kochbirnen
- Salz, Pfeffer
- 1 Bund Petersilie

Etwa 3/4 l Wasser aufkochen, die Speckscheiben darin bei schwacher Hitze zugedeckt 15-20 Minuten kochen. Inzwischen die Bohnen eventuell entfädeln, waschen und in Stücke brechen. Die Bohnen nach der Garzeit mit dem Bohnenkraut zum Speck geben und noch 15 Minuten kochen. Birnen waschen, Blütenansatz entfernen. Mit Stiel und ungeschält auf die Bohnen legen. Noch etwa 20 Minuten garen, bis die Birnen weich, aber noch nicht musig sind. Salzen, pfeffern und mit gehackter Petersilie bestreut servieren.

Am besten dazu noch Salzkartoffeln reichen.

Einkaufsliste

Birnen, Bohnen und Speck

- ○ Räucherspeck
- ○ Bohnen
- ○ Bohnenkraut
- ○ Kochbirnen
- ○ Salz, Pfeffer
- ○ Petersilie

Was noch:

- ○ ____________________
- ○ ____________________
- ○ ____________________
- ○ ____________________
- ○ ____________________
- ○ ____________________
- ○ ____________________
- ○ ____________________
- ○ ____________________
- ○ ____________________

Böhmische Knoblauchsuppe

- 4 Knoblauchzehen
- 250 g Griebenschmalz (mit „Grammeln", also gerösteten Griebenstückchen)
- 1 l Wasser oder Gemüsebrühe
- 1 TL frischer oder getrockneter Majoran
- 1 TL Kümmel, Salz
- 4 Scheiben Graubrot oder Bauernbrot
- Butter zum Braten

Die Knoblauchzehen schälen und in eine Schüssel pressen. Mit dem Griebenschmalz vermischen und mit zwei Löffeln zu vier Kugeln formen.

Das Wasser (Landvariante, für die moderne Variante nimmt man Gemüsebrühe) erhitzen und kurz vor dem Aufkochen den Majoran und den Kümmel zugeben. Vorsichtig mit Salz abschmecken (dran denken, dass das Schmalz meist schon gesalzen ist). Das Brot in kleine Würfel schneiden, in der Pfanne Butter erhitzen und die Brotwürfel rundum kurz anrösten.

Die Knoblauch-Griebenschmalzkugeln in Suppenteller verteilen, die heiße Brühe darüber schöpfen und zuletzt die Brotwürfel dazugeben. Gleich servieren, so lange die Brotwürfel noch knusprig sind.

Einkaufsliste

Böhmische Knoblauchsuppe

- ○ Knoblauch
- ○ Griebenschmalz
- ○ Gemüsebrühe
- ○ Majoran
- ○ Kümmel, Salz
- ○ Graubrot
- ○ Butter

Was noch:

- ○ ______________________
- ○ ______________________
- ○ ______________________
- ○ ______________________
- ○ ______________________
- ○ ______________________
- ○ ______________________
- ○ ______________________
- ○ ______________________
- ○ ______________________

Kohlrabi-Eintopf mit Kasseler und Gänsekeulen

Für 6 Personen:

- 500 g gepökelter Schweinebauch (Kasseler)
- 2 tiefgekühlte Gänsekeulen
- 4 Zwiebeln
- 1 kg Kohlrabi oder Steckrüben
- 1 EL Majoran
- 2 EL gekörnte Brühe
- 6 vorwiegend fest kochende Kartoffeln
- Salz, schwarzer Pfeffer aus der Mühle

Den Schweinebauch, die noch gefrorenen Gänsekeulen und geschälte, klein geschnittene Zwiebeln in 1 1/2 Liter Wasser aufsetzen, offen aufkochen und den Schaum abschöpfen. Zugedeckt bei mittlerer Hitze 25 Minuten kochen lassen.

Inzwischen die Kohlrabi oder Steckrüben schälen und würfeln, mit dem Majoran und der gekörnten Brühe zugeben und zugedeckt bei schwacher Hitze 40 Minuten kochen lassen.

Wenn die Rüben fast gar sind, das Fleisch herausnehmen, etwas abkühlen lassen, die Knochen und das Fett entfernen und das Fleisch würfeln wie die Rüben. Wieder in den Topf geben und noch 30 Minuten garen.

Inzwischen die Kartoffeln schälen, in Würfel schneiden und in einem zweiten Topf in Salzwasser 15-20 Minuten kochen.

Die garen Kartoffelwürfel abgießen, ausdampfen lassen und kurz vor dem Servieren zu dem Eintopf rühren. Mit Salz und schwarzem Pfeffer pikant abschmecken.

Einkaufsliste

Kohlrabi-Eintopf mit Kasseler und Gänsekeulen

- gepökelter Schweinebauch
- Gänsekeulen
- Zwiebeln
- Kohlrabi
- Majoran
- Brühe
- Kartoffeln
- Salz, Pfeffer

Was noch:

- ____________________
- ____________________
- ____________________
- ____________________
- ____________________
- ____________________
- ____________________
- ____________________
- ____________________
- ____________________

Graupeneintopf

- 125 g geräucherter Speck (2 dickere Scheiben)
- 2 mittelgroße Zwiebeln
- 3 Möhren
- 3 Kartoffeln
- 1 Stange Lauch
- 1-2 Petersilienwurzeln
- 1 Navet (Rübchen) oder kleiner Kohlrabi
- 1 kleiner Wirsing (ca. 500 g ungeputzt gewogen)
- 3 EL Pflanzenöl
- 125 g Perlgraupen
- 1 1/2 l Brühe (eventuell aus Brühepulver bereitet)
- 5 Pimentkörner
- 2 Lorbeerblätter
- 2 geräucherte Mettwürste
- 1 Bund Petersilie
- ca. 10 cm frische Meerrettichwurzel
- Salz, Pfeffer aus der Mühle

Den Speck (ohne Schwarte) in kleine Würfel schneiden. Das Gemüse waschen, putzen, schälen und so weiter, in 1 cm große Würfel oder in Scheiben schneiden.

Im Suppentopf das Öl erhitzen. Die Speckwürfel darin anbraten.
Die Wurzelgemüse und die Graupen dazugeben, unter Rühren kurz anschwitzen. Die übrigen Gemüse und die Kartoffeln dazugeben, die Brühe angießen. Die Pimentkörner und die Lorbeerblätter unter den Eintopf mischen, die Mettwürste obenauf legen. Das Ganze zugedeckt 40 bis 50 Minuten köcheln lassen.

Petersilie waschen, die Blättchen hacken. Den Meerrettich schälen und fein reiben.

Nach der Garzeit die Würste in Scheiben schneiden. Den Eintopf mit Salz und Pfeffer abschmecken, mit dem geriebenen Meerrettich bestreuen, die Wurstscheiben darauf legen und mit gehackter Petersilie garniert servieren.

Einkaufsliste

Graupeneintopf

- ○ geräucherter Speck
- ○ Zwiebeln
- ○ Möhren
- ○ Kartoffeln
- ○ Lauch
- ○ Petersilienwurzeln
- ○ Navet (Rübchen)
- ○ Wirsing
- ○ Pflanzenöl
- ○ Perlgraupen
- ○ Brühe
- ○ Pimentkörner
- ○ Lorbeerblätter
- ○ geräucherte Mettwürste
- ○ Petersilie
- ○ Meerrettichwurzel
- ○ Salz, Pfeffer

Was noch:

- ○ ______________________
- ○ ______________________
- ○ ______________________
- ○ ______________________
- ○ ______________________
- ○ ______________________
- ○ ______________________

Pilchjes-Pfannekuchen

- *500 g mehlig-festkochende Kartoffeln*
- *2 Tassen Mehl*
- *3 Eier*
- *Salz*
- *2 Zwiebeln*
- *100 g durchwachsener Speck*
- *Sonnenblumenöl*
- *etwa 1 Tasse frisch aufgebrühter, starker Filterkaffee*

Die Kartoffeln schälen und in kleine Stifte schneiden – etwas kleiner als für Pommes frites. Aus Mehl, ca. 2 Tassen Wasser, Eiern und etwas Salz einen glatten, dickflüssigen Pfannkuchenteig rühren. Eine halbe Stunde quellen lassen.

Die Zwiebeln pellen und fein hacken. Den Speck (ohne Schwarte) in kleine Würfel schneiden. In einer Pfanne etwas Sonnenblumenöl erhitzen, die Speckwürfel darin anrösten. Dann die Zwiebeln dazugeben und braten, bis sie leicht gebräunt sind.

Jetzt kommen so viel Pilchjes (Kartoffelstifte) dazu, bis der Pfannenboden mit Zwiebeln, Kartoffeln und Speck locker bedeckt ist. Leicht salzen. Während die Pilchjes garen, vorsichtig tröpfchenweise Kaffee darüber träufeln, bis die Mischung leicht gebräunt ist. Dann die Masse mit dem Pfannkuchenteig knapp bedecken – so, dass die Pilchjes noch etwas herausschauen. Nach ein paar Minuten den Pfannkuchen mit Hilfe eines Tellers in der Pfanne wenden, noch einige Minuten weitergaren lassen und dann servieren.

Die Spezialität aus dem Rheinland wird auch Pillekuchen, Pillekoche oder Pinnchenskuchen genannt und ist im Bergischen Land sehr beliebt.

alfredissimo!
Kochen mit BIO

Einkaufsliste

Pilchjes-Pfannekuchen

- ○ Kartoffeln
- ○ Mehl
- ○ Eier
- ○ Salz
- ○ Zwiebeln
- ○ durchwachsener Speck
- ○ Sonnenblumenöl
- ○ Kaffee

Was noch:

- ○ ______________________
- ○ ______________________
- ○ ______________________
- ○ ______________________
- ○ ______________________
- ○ ______________________
- ○ ______________________
- ○ ______________________
- ○ ______________________
- ○ ______________________

Pasta & Risotto

Beim Kochen von Spaghetti, Tagliatelle oder anderen Teigwaren ist vor allem auf eines zu achten: Sie müsssen in sehr viel Wasser schwimmen. Ein zu kleiner Topf und zu wenig Wasser führen dazu, dass der Pasta-Traum zusammenklebt.
Man sollte auch darauf achten, dass die Sauce mit der Pasta fertig ist, sodass man sie sofort servieren kann. Auch das verhindert, dass die Pasta klebrig wird.

Wichtig ist sowohl bei Pastagerichten als auch beim Risotto der Parmesan. Den bitte nur frisch gerieben! Mit nichts kann man ein wunderbares Pasta- oder Risottogericht nachträglich noch „besser verderben" als mit fertig geriebenem Parmesankäse aus der Tüte.

Nudeln alla keka

- *400 g Spaghetti, Salz*
- *1 kg Tomaten (möglichst reife italienische Eiertomaten)*
- *gutes Olivenöl*
- *1 Knoblauchzehe*
- *1 getrockneter Peperoncino (Chilischote)*
- *schwarzer Pfeffer*
- *einige Blätter Basilikum*

Für die Spaghetti reichlich Salzwasser aufsetzen. Bis es kocht, die Tomaten kurz überbrühen und die Haut abziehen, nach Belieben auch entkernen, dann klein schneiden und in einer Schüssel mit nicht zu wenig Olivenöl vermischen. Eine Knoblauchzehe dazupressen und mit zerbröseltem Peperoncino (Vorsicht: scharf!), Pfeffer und Salz abschmecken.

Die Basilikumblätter mit einer Schere direkt in die Schüssel schneiden.

Die Spaghetti bissfest kochen, abgießen und in die Schüssel geben, mit der kalten Sauce vermischen und servieren.

Die Sauce kann auch auf geröstetem Brot serviert werden und passt ebenso zu Mozzarella oder Fischfilet.

Einkaufsliste

Nudeln alla keka

- ○ Spaghetti
- ○ Salz
- ○ Tomaten
- ○ Olivenöl
- ○ Knoblauch
- ○ Peperoncino
- ○ Pfeffer
- ○ Basilikum

Was noch:

- ○ ______________________
- ○ ______________________
- ○ ______________________
- ○ ______________________
- ○ ______________________
- ○ ______________________
- ○ ______________________
- ○ ______________________
- ○ ______________________
- ○ ______________________

Morchelsauce zu Spaghetti

- 30 g getrocknete Spitzmorcheln
- 2-3 Schalotten
- etwa 400 ml Geflügelfond oder Hühnerbrühe
- Salz
- 400 g Spaghetti
- 120 g Butter
- 2 cl trockener Sherry (fino)

Die getrockneten Morcheln mit etwa der fünffachen Menge lauwarmem Wasser (knapp 200 ml) übergießen und 15 Minuten aufquellen lassen. Die Schalotten pellen und fein würfeln. Geflügelfond oder Hühnerbrühe erhitzen und heiß neben dem Herd bereitstellen.

Die Morcheln unter fließendem Wasser gut abspülen, das Einweichwasser durch einen Kaffeefilter gießen und auffangen, es lässt sich später für andere Saucen verwenden. Dann die Morcheln halbieren.

Reichlich Salzwasser für die Nudeln aufsetzen. Wenn es kocht, die Spaghetti darin bissfest kochen.

Inzwischen in einer Pfanne die Hälfte der Butter erhitzen, die Schalotten darin andünsten und herausnehmen. Die Morcheln in der verbliebenen Butter 2-3 Minuten andünsten, aus der Pfanne heben und warm stellen (im Backofen bei 75 °C). Geflügelfond und Sherry in die Pfanne gießen und auf die Hälfte der Menge einkochen. Die restliche Butter zugeben und die Schalotten und Morcheln darin schwenken. Mit Salz abschmecken.
Die fertige Sauce über die gekochten Spaghetti geben.

Einkaufsliste

Morchelsauce zu Spaghetti

- ○ Spitzmorcheln
- ○ Schalotten
- ○ Geflügelfond
- ○ Salz
- ○ Spaghetti
- ○ Butter
- ○ trockener Sherry

Was noch:

- ○ ______________________
- ○ ______________________
- ○ ______________________
- ○ ______________________
- ○ ______________________
- ○ ______________________
- ○ ______________________
- ○ ______________________
- ○ ______________________
- ○ ______________________

Spaghetti mit Algen und Garnelen

- Salz
- 1 EL Öl
- 400 g Spaghetti
- 400 g geschälte, in Knoblauchöl eingelegte Garnelen (gibt es fertig zu kaufen)
- 100 g Passepierre-Algen (aus dem Fischfachgeschäft, sehen ähnlich wie dicker Schachtelhalm aus)
- 3-4 EL Zitronensaft
- frisch gemahlener weißer Pfeffer
- evtl. noch 1-2 Knoblauchzehen

Das ist ein Schnellgericht, das in 20 Minuten auf dem Tisch stehen kann. Als Erstes eine Servierschüssel zum Vorwärmen mit heißem Wasser füllen und bis zum Servieren in den auf 75 °C vorgewärmten Backofen stellen.

In einem großen Topf etwa 4 Liter Wasser mit 2-3 TL Salz und 1 EL Öl aufsetzen. Die Spaghetti ins sprudelnd kochende Wasser geben und unter gelegentlichem Umrühren „al dente" garen (sie müssen noch Biss haben).

Inzwischen das Öl von den Garnelen in eine Pfanne gießen und sehr heiß werden lassen. Die Passepierre-Algen trockentupfen und in dem Knoblauchöl ganz kurz schwenken – es genügt, sie zwei-, dreimal umzuwenden –, die Pfanne sofort vom Herd nehmen und die Garnelen unterrühren. Mit Zitronensaft beträufeln und mit Salz (sparsam, die Algen sind vom Meerwasser schon salzig) und frisch gemahlenem Pfeffer würzen. Wem es nicht „knofelig" genug ist, der drückt noch ein oder zwei Knoblauchzehen durch die Presse dazu.

Die Spaghetti in ein großes Sieb gießen und gut abtropfen lassen. Die Servierschüssel leeren und abtrocknen. Die Spaghetti mit den Passepierre-Algen darin vermischen. Die Garnelen auf den Spaghetti anrichten und sofort servieren.

alfredissimo! Kochen mit BIO

Einkaufsliste

Spaghetti mit Algen und Garnelen

- O Salz
- O Öl
- O Spaghetti
- O Garnelen
- O Passepierre-Algen
- O Zitronensaft
- O Pfeffer

Was noch:

- O ______________________
- O ______________________
- O ______________________
- O ______________________
- O ______________________
- O ______________________
- O ______________________
- O ______________________
- O ______________________
- O ______________________

Spaghetti alla puttanesca

- 100 g schwarze Oliven
- 100 g Sardellenfilets (Anchovis)
- 50 g Kapern
- 3-5 Knoblauchzehen
- 1 kleiner Peperoncino (getrocknete Chilischote)
- 3 EL Olivenöl
- 750 g geschälte Tomaten, nicht ausgedrückt (wenn aus Dose oder Packung: mit dem Tomatensaft)
- 2 EL Tomatenmark
- Salz
- 400 g Spaghetti

Die Oliven entkernen und fein hacken. Sardellenfilets probieren: Wenn sie sehr salzig sind, unter fließendem Wasser abspülen. In Streifchen schneiden.

Die Kapern zerdrücken oder fein hacken. Knoblauchzehen (Menge nach Belieben) schälen und fein hacken, zusammen mit dem Peperoncino im heißen Olivenöl leicht anrösten. Oliven und Sardellen einrühren und kurz andünsten.

Dann die Tomaten und das Tomatenmark zugeben, unter Rühren bei mittlerer Hitze ohne Deckel schmoren, bis die Sauce dunkel geworden ist. Vorsichtig mit Salz abschmecken.

Auf bissfest gekochten Spaghetti servieren. Esse ich auf jeden Fall ohne Parmesan.

Einkaufsliste

Spaghetti alla puttanesca

- ○ schwarze Oliven
- ○ Sardellenfilets
- ○ Kapern
- ○ Knoblauch
- ○ Peperoncino
- ○ Olivenöl
- ○ geschälte Tomaten
- ○ Tomatenmark
- ○ Salz
- ○ Spaghetti

Was noch:

- ○ ______________________
- ○ ______________________
- ○ ______________________
- ○ ______________________
- ○ ______________________
- ○ ______________________
- ○ ______________________
- ○ ______________________
- ○ ______________________
- ○ ______________________

Spaghetti al burro con salvia

- 400 g Spaghetti
- Salz
- 100 g Butter (oder mehr)
- 1 Zweig frischer Salbei
  (oder 1 TL getrockneter)
- frisch geriebener Parmesan
- Pfeffer

Sie können für die Spaghetti das Salzwasser gleich aufsetzen. Die Butter in einem Pfännchen sachte erhitzen und die Salbeiblätter kurz aufbrutzeln lassen. Die „al dente" gekochten Spaghetti zurück in den Topf geben, mit Salbeibutter übergießen und gut umrühren. Mit reichlich geriebenem Parmesan, Salz und Pfeffer – natürlich aus der Mühle – servieren.

Einkaufsliste

Spaghetti al burro con salvia

- Spaghetti
- Salz
- Butter
- Salbei
- Parmesan
- Pfeffer

Was noch:

- ______________________________
- ______________________________
- ______________________________
- ______________________________
- ______________________________
- ______________________________
- ______________________________
- ______________________________
- ______________________________
- ______________________________

Spaghetti Vongole

- 1 kg Vongole (Herzmuscheln)
- 8 EL Olivenöl extra nativ
- 400 g Spaghetti
- Salz
- 2 Knoblauchzehen
- Pfeffer aus der Mühle
- 4 EL gehackte glatte Petersilie

Die Muscheln unter fließendem Wasser sehr gründlich schrubben, bereits geöffnete Muscheln aussortieren.

In einer großen Pfanne (mit Deckel) 2 EL Öl erhitzen, die Muscheln zugedeckt unter Rütteln 2 bis 3 Minuten dünsten, bis alle geöffnet sind. Muscheln herausheben und den Kochsud durch einen Kaffeefilter gießen.

Spaghetti in Salzwasser „al dente" garen. Die Muscheln auslösen. Den Knoblauch fein würfeln. Das übrige Öl in der Pfanne erhitzen, den Knoblauch glasig dünsten, Muschelsud aufgießen, etwas einkochen, salzen und pfeffern. Die Muscheln und die Nudeln unterheben, mit Petersilie bestreut servieren.

alfredissimo! Kochen mit BiO

Einkaufsliste

Spaghetti Vongole

- ○ Vongole
- ○ Olivenöl
- ○ Spaghetti
- ○ Salz
- ○ Knoblauch
- ○ Pfeffer
- ○ Petersilie

Was noch:

- ○ ______
- ○ ______
- ○ ______
- ○ ______
- ○ ______
- ○ ______
- ○ ______
- ○ ______
- ○ ______
- ○ ______

Pasta mit Mandelpesto

- 1 Msp. Safranfäden
- 9 EL Rosenwasser
- 1 Bund Petersilie
- 1 kleine Knoblauchzehe
- 50 g Haselnusskerne
- 50 g geschälte Mandeln
- 12 EL Olivenöl
- 1 Msp. Zimtpulver
- Salz, weißer Pfeffer aus der Mühle
- 400 g Pasta (schmale Bandnudeln, Spaghetti oder Spaghettini)

Die Safranfäden in das Rosenwasser rühren und 1 Stunde ziehen lassen.

Die Petersilie waschen und die Blätter grob hacken. Den Knoblauch pellen und in Stücke schneiden.

Die Nüsse und die Mandeln in einer trockenen Pfanne leicht anrösten, dann abkühlen lassen und im Mixer mit 3 bis 4 EL Olivenöl zerkleinern. Petersilie und Knoblauch zugeben und zerkleinern, dann nach und nach das restliche Öl und zuletzt das Safran-Rosenwasser zufließen lassen und zu einer samtigen Sauce mixen. Mit Salz und reichlich Pfeffer abschmecken.

Nudeln „al dente" kochen und sehr heiß mit dem Mandelpesto übergießen.

Einkaufsliste

Pasta mit Mandelpesto

- O Safranfäden
- O Rosenwasser
- O Petersilie
- O Knoblauch
- O Haselnusskerne
- O geschälte Mandeln
- O Olivenöl
- O Zimtpulver
- O Salz, Pfeffer
- O Pasta

Was noch:

- O ______________________
- O ______________________
- O ______________________
- O ______________________
- O ______________________
- O ______________________
- O ______________________
- O ______________________
- O ______________________
- O ______________________

Saunudeln

- 4 mittelgroße Zwiebeln
- je 1 rote, grüne und gelbe Paprikaschote
- 4 Zucchini
- 250 g kleine Champignons
- 400 g Sprialnudeln
- Salz
- 500 g Hackfleisch
- Pflanzenöl zum Braten
- 1 große Dose geschälte Tomaten
- Knoblauch (Menge nach Geschmack – mehr ist besser)
- schwarzer Pfeffer
- 1 Flasche Sweet-Chili-Sauce
- 100 g mittelalter Gouda

Die Zwiebeln pellen und in nicht zu kleine Stücke schneiden. Die Paprikaschoten waschen, entkernen und achteln. Die Zucchini waschen und in Scheiben schneiden.
Die Champignons putzen und in Scheiben schneiden.

In einem großen Topf reichlich Wasser aufsetzen, salzen und die Nudeln bissfest kochen (die Garzeit sollte auf der Packung stehen, sonst nach 8 Minuten eine Nudel probieren).
Das Hackfleisch mit Zwiebeln in Öl anbraten und dann mit dem Saft aus der Tomatendose aufgießen. In einer zweiten Pfanne in Öl die Paprikastücke schmoren. In einer dritten Pfanne die Zucchinischeiben mit Öl und durchgepresstem Knoblauch schmoren. Die Champignons leicht salzen und pfeffern, roh mit etwas Öl vermischen.

In die Auflaufform (oder das Backblech) gibt man die Nudeln, vermischt sie mit der Hackfleischsauce und garniert alles mit den vorbereiteten Gemüsen (Zucchini, Paprika, den Tomaten aus der Dose, Champignons). Nach Geschmack mit der Chilisauce übergießen. Die Form in den auf 200 °C vorgeheizten Ofen schieben und etwa 5 Minuten backen. Dann rausnehmen, mit dem grob geraspelten Käse bestreuen und noch 30-40 Minuten überbacken.

Tipp für Vegetarier: Hackfleisch weglassen, mehr Pilze nehmen.

Einkaufsliste

Saunudeln

- O Zwiebeln
- O Paprikaschoten
- O Zucchini
- O Champignons
- O Sprialnudeln
- O Salz
- O Hackfleisch
- O Pflanzenöl
- O geschälte Tomaten
- O Knoblauch
- O Pfeffer
- O Sweet-Chili-Sauce
- O mittelalter Gouda

Was noch:

- O ____________________
- O ____________________
- O ____________________
- O ____________________
- O ____________________
- O ____________________
- O ____________________
- O ____________________
- O ____________________
- O ____________________

Pilz-Nudel-Pfanne

alfredissimo! Kochen mit BIO

Für 2 Personen:

- *125 g Pfifferlinge*
- *1 Stange Lauch (Porree)*
- *Salz*
- *250 g helle Bandnudeln*
- *30 g Butter oder Öl*
- *schwarzer Pfeffer aus der Mühle*
- *1-2 Knoblauchzehen*
- *1-2 EL Zitronensaft*
- *gehackte Petersilie*

Die Pfifferlinge putzen, möglichst nicht waschen, sondern mit einer weichen Bürste oder einem Pinsel säubern. Nur größere Pilze zerschneiden, die kleinen ganz lassen.

Den Lauch putzen und in kleine Stücke schneiden. In sprudelnd kochendem Salzwasser 1 Minute blanchieren (dafür am besten den Lauch in einem Sieb ins kochende Wasser halten, dann sofort in einer Schüssel mit Eiswasser abkühlen), abtropfen lassen.

Die Bandnudeln in reichlich kochendem Salzwasser nach Packungsangabe sehr bissfest garen (sie werden später noch einmal erhitzt), abgießen, mit kaltem Wasser überbrausen, damit sie nicht nachgaren. Gut abtropfen lassen.

In einer breiten Pfanne die Butter erhitzen ohne zu bräunen, die Pfifferlinge hineingeben – sie sollen genug Platz haben, damit sie nicht übereinander liegen. Gleich etwas salzen, damit sie Wasser ziehen. Jetzt die Hitze hoch schalten, weil die Flüssigkeit verdampfen soll. So lange (ohne Deckel natürlich) braten, bis die Pilze fast trocken sind. Mit Salz, Pfeffer, durchgepresstem Knoblauch und einem kräftigen Spritzer Zitronensaft abschmecken.

Die Pfifferlinge aus der Pfanne heben, die Nudeln in der Pfanne mit etwas frischer Butter durchschwenken. Den Lauch und die Pilze untermischen und kurz vor sich hin garen lassen, es dauert nicht lange, bis alles heiß und fertig ist. Zuletzt noch etwas frisch gehackte Petersilie darüber streuen und servieren.

Dazu passt ein trockener Pfälzer Weißwein, zum Beispiel ein Weißburgunder.

Einkaufsliste

Pilz-Nudel-Pfanne

- Pfifferlinge
- Lauch
- Salz
- Bandnudeln
- Butter
- Pfeffer
- Knoblauch
- Zitronensaft
- Petersilie

Was noch:

- ______
- ______
- ______
- ______
- ______
- ______
- ______
- ______
- ______
- ______

Pappardelle alla Crudella

- 400 g Pappardelle oder andere Bandnudeln
- 350 g reife Kirsch- oder Strauchtomaten
- schwarze Oliven
- Knoblauch
- frische Kräuter (z. B. Rucola, Basilikum oder was es sonst gerade gibt)
- 200 g Ricotta (italienischer Frischköse)
- 75 g frisch geriebener Parmesan
- Salz, schwarzer Pfeffer

Die kalte Sauce ist so schnell fertig, dass Sie schon gleich das Wasser für die Nudeln aufsetzen können. Die Tomaten halbieren, die Kerne ausdrücken und das Fruchtfleisch (mit Haut) in kleine Stücke schneiden. Die Oliven entkernen und in kleine Stücke schneiden. Knoblauch pellen und klein hacken. Kräuter ohne harte Stängel fein schneiden. Die Ricotta in eine Schüssel geben und mit einer Gabel zerdrücken, mit Tomaten, Knoblauch, Oliven, Kräutern und Parmesan vermischen.

Die Pappardelle in dem kochenden Wasser mit Salz „al dente" kochen, abgießen, aber nicht abschrecken und nicht zu gründlich abtropfen lassen, es kann ruhig noch ein wenig Wasser daran haften.

Die heißen Nudeln rasch mit der Ricottasauce vermischen, Pfeffer darüber mahlen und gleich servieren.

Einkaufsliste

Pappardelle alla Crudella

- ○ *Pappardelle*
- ○ *Kirschtomaten*
- ○ *Oliven*
- ○ *Knoblauch*
- ○ *Kräuter*
- ○ *Ricotta*
- ○ *Parmesan*
- ○ *Salz, Pfeffer*

Was noch:

- ○ ____________________
- ○ ____________________
- ○ ____________________
- ○ ____________________
- ○ ____________________
- ○ ____________________
- ○ ____________________
- ○ ____________________
- ○ ____________________
- ○ ____________________

Grüne Nudeln à la Roberto

- 1 Packung Tiefkühl-Erbsen (300 g)
- Olivenöl
- 2 Becher Sahne
- 500 g grüne Nudeln (Spinatnudeln)
- Salz, Pfeffer
- Knoblauchsalz, Flüssigwürze
- 250 g gekochter Schinken in Scheiben
- 200 g Parmesan am Stück

Die Erbsen etwas antauen lassen. In einem großen Topf reichlich Wasser für die Nudeln aufsetzen.

In der Zwischenzeit etwas Öl in einer Pfanne erhitzen, einen Schuss von der Sahne dazugeben, verrühren und heiß werden lassen. Die leicht angetauten Ersen hineingeben, wieder etwas Sahne zugießen und warm werden lassen.

Die Nudeln in dem kochenden Wasser mit Salz je nach Nudelsorte 4-8 Minuten sehr bissfest garen, abschütten. Die Erbsensahne mit Pfeffer, Salz, Knoblauch und Würze abschmecken und einköcheln lassen. Den Schinken in 2 mm breite Streifen schneiden, in die Pfanne geben und bei kleiner Hitze so lange ziehen lassen, bis die Sahne cremig ist.

Nudeln in eine große Pfanne schütten und die Sauce unterrühren. Alles zusammen noch 10 Minuten einkochen lassen. Portionsweise auf die Teller geben. Den Parmesan frisch reiben und über die Nudeln streuen.

Einkaufsliste

Grüne Nudeln à la Roberto

- ○ Tiefkühl-Erbsen
- ○ Olivenöl
- ○ Sahne
- ○ grüne Nudeln
- ○ Salz, Pfeffer
- ○ Knoblauchsalz, Flüssigwürze
- ○ gekochter Schinken
- ○ Parmesan

Was noch:

- ○ ____________________
- ○ ____________________
- ○ ____________________
- ○ ____________________
- ○ ____________________
- ○ ____________________
- ○ ____________________
- ○ ____________________
- ○ ____________________
- ○ ____________________

Tagliatelle mit Chicorée und Radicchio

- 100 g geräuchter Speck (in 1 mm dünnen Scheiben)
- 2 kleine rote Zwiebeln
- 1-2 Knoblauchzehen
- 300 g Chicorée
- 300 g Radicchio di Treviso (das ist die längliche Sorte)
- 2 EL Olivenöl
- 50 g Butter
- 1 TL frische Thymianblättchen
- 1 getrockneter Peperoncino (Chilischote)
- 75 ml Weißwein
- 100 ml Hühnerbrühe
- 400 g Tagliatelle (Eier-Bandnudeln)
- Salz
- etwa 100 g Parmesan am Stück
- Pfeffer aus der Mühle

Die Speckscheiben in streichholzgroße Stifte schneiden. Die Zwiebeln pellen und in Scheiben schneiden, den Knoblauch fein würfeln. Den Chicorée und den Radicchio längs halbieren, jeweils den bitteren Strunk herausschneiden, die Hälften in feine Streifen schneiden.

In einer Pfanne 1 EL Öl und die Butter erhitzen, den Speck auslassen. Die Thymianblättchen und die Zwiebeln zugeben, leicht anbräunen. Den Knoblauch und noch 1 EL Öl zugeben, den Peperoncino darüber bröseln, umrühren. Den Radicchio und den Chicorée unter Rühren. 2 bis 3 Minuten darin dünsten. Den Wein und die Brühe angießen und aufkochen lassen, dann 20 Minuten bei kleiner Hitze offen simmern lassen, sodass die Flüssigkeit etwas einkocht.

Inzwischen die Nudeln in reichlich Salzwasser „al dente" kochen. Den Parmesan reiben und die Hälfte unter die Sauce mischen, mit Salz und Pfeffer abschmecken.

Die Nudeln abgießen und gut abtropfen lassen, mit der Sauce vermischen, nochmals abschmecken und mit dem übrigen Parmesan bestreut heiß servieren.

alfredissimo! Kochen mit BIO

Einkaufsliste

Tagliatelle mit Chicorée und Radicchio

- ○ geräuchter Speck
- ○ Zwiebeln
- ○ Knoblauch
- ○ Chicorée
- ○ Radicchio
- ○ Olivenöl
- ○ Butter
- ○ Thymian
- ○ Peperoncino
- ○ Weißwein
- ○ Hühnerbrühe
- ○ Tagliatelle
- ○ Salz
- ○ Parmesan
- ○ Pfeffer

Was noch:

- ○ ______________________
- ○ ______________________
- ○ ______________________
- ○ ______________________
- ○ ______________________
- ○ ______________________
- ○ ______________________
- ○ ______________________
- ○ ______________________
- ○ ______________________

Grüne Gnocchi

- 300 g Tiefkühl-Blattspinat
- frische Salbeiblätter
- etwa 50 g Butter
- 200 g Ricotta (italienischer Frischkäse, er darf aber nicht trocken und krümelig sein)
- 3 Eigelb
- Salz, Pfeffer aus der Mühle
- Muskatnuss
- 150 g Parmesankäse am Stück
- 75–100 g Mehl

Den Spinat auftauen lassen, hacken und in einem Tuch gut ausdrücken. Die Salbeiblätter trocken abreiben.

In einem Topf ein wenig von der Butter zerlassen, den Spinat darin andünsten, dann abkühlen lassen.

Die Ricotta in eine Schüssel geben und mit den Eigelben verrühren, salzen und pfeffern. Etwas Muskatnuss und den Parmesankäse dazureiben, dann das Mehl und zuletzt den Spinat untermischen. Die Masse muss recht fest sein, sonst zerfallen die Gnocchi beim Garen. Eventuell noch esslöffelweise mehr Mehl zugeben.

Aus der Masse mit zwei Teelöffeln etwa 2 cm große Gnocchi (ovale Klößchen) formen und auf ein bemehltes Brett legen.

Reichlich Salzwasser zum Kochen bringen. Die Gnocchi portionsweise einlegen und garen, bis sie an die Oberfläche steigen. Mit einem Schaumlöffel herausheben und abtropfen lassen.

Die übrige Butter mit den Salbeiblättern aufschäumen lassen. Die Gnocchi auf Teller verteilen und mit der heißen Salbeibutter übergießen.

alfredissimo! Kochen mit BIO

Einkaufsliste

Grüne Gnocchi

- Tiefkühl-Blattspinat
- Salbei
- Butter
- Ricotta
- Eier
- Salz, Pfeffer
- Muskatnuss
- Parmesankäse
- Mehl

Was noch:

- ______________________
- ______________________
- ______________________
- ______________________
- ______________________
- ______________________
- ______________________
- ______________________
- ______________________
- ______________________

Gnocchi alla Franca

- *1 kg mehlig kochende Kartoffeln*
- *150 bis 200 g Mehl*
- *1 Ei*
- *1 Msp. Backpulver*
- *Salz*

Die Kartoffeln in der Schale garen, pellen und zu einem glatten Brei zerstampfen oder durch die Kartoffelpresse drücken. Das Püree darf keine Stückchen mehr enthalten.

Ein großes Brett ganz dick mit Mehl bestreuen, darauf den Kartoffelbrei setzen. Einen Krater in der Mitte eindrücken und das Ei mit Backpulver hineingeben. Den Kartoffelteig mit kräftig gemehlten Händen vorsichtig durchkneten.

Der Trick dabei: Hände und Brett immer wieder mehlen, dass nur so viel Mehl unter den Teig gemischt wird, bis er gerade nicht mehr klebt.

Dann zerteilen und zu etwa 2 cm dicken Rollen formen. Die Rollen in kleine, etwa 3 cm lange Stücke schneiden und wieder in Mehl wenden. Je weniger Mehl man insgesamt für den Teig verwendet, desto lockerer und feiner werden nachher die Gnocchi.

Wer will, drückt mit einer Gabel noch ein Muster in die Oberfläche der kissenähnlichen Teigstücke, das macht beim Essen die Gnocchi noch saucenaufnahmewilliger. Italienische Hausfrauen lassen aus dem gleichen Grund die Gnocchi auch leicht über ein Reibeisen rollen.

In einem großen Topf reichlich Salzwasser aufkochen. Wenn es ganz wild kocht, dann jeweils nur so viele Gnocchi hineinwerfen, dass das Wasser nicht aufhört zu kochen.

Die Gnocchi sinken auf den Boden (auch deshalb dürfen nicht zu viele auf einmal in den Topf) und sind fertig, wenn sie nach oben steigen. Das dauert höchstens 2 Minuten. Herausheben und in einem Sieb abtropfen lassen.

Die Gnocchi können – wie Pasta – mit den verschiedensten Saucen gegessen werden. Sie schmecken am besten mit Butter und Salbei oder mit einer kurz gekochten Tomatensauce.

Einkaufsliste

Gnocchi alla Franca

- ○ Kartoffeln
- ○ Mehl
- ○ Ei
- ○ Backpulver
- ○ Salz

Was noch:

- ○ ______________________
- ○ ______________________
- ○ ______________________
- ○ ______________________
- ○ ______________________
- ○ ______________________
- ○ ______________________
- ○ ______________________
- ○ ______________________
- ○ ______________________

Pasta à la Scott

- 2-3 Frühlingszwiebeln
- 150 g Champignons
- 3 EL Olivenöl
- 1 Knoblauchzehe
- 1-2 EL Pesto Genovese, selbst gemacht oder aus dem Glas
- 200 g Tomatenwürfel (fertig aus der Packung)
- 50 g passiertes Tomatenpüree (gibt's ebenso aus der Packung)
- 50 g Pinienkerne
- 1/2 Becher Crème fraîche
- Salz, Pfeffer, eventuell Zucker

Frühlingszwiebeln waschen, putzen und kleinschneiden. Die Champignons putzen, säubern und blättrig schnippeln. Die Frühlingszwiebeln im Öl andünsten, dann die Pilze mitbraten. Geschälten, durch die Presse gedrückten Knoblauch, Pesto, Tomatenwürfel und –Püree zugeben.

Pinienkerne in einer Pfanne ohne Öl hellbraun anrösten und unterrühren. Auf kleiner Stufe köcheln lassen, bis die Champignons gar sind (das kann sehr kurz sein, man isst Champignons ja auch roh), die Crème fraîche unterrühren und mit Salz, Pfeffer und eventuell einer Prise Zucker abschmecken.

Passt besonders gut zu Fettuccini (Bandnudeln), geht aber auch zu anderen Pastasorten.

Einkaufsliste

Pasta à la Scott

- ○ Frühlingszwiebeln
- ○ Champignons
- ○ Olivenöl
- ○ Knoblauch
- ○ Pesto Genovese
- ○ Tomatenwürfel
- ○ Tomatenpüree
- ○ Pinienkerne
- ○ Crème fraîche
- ○ Salz, Pfeffer

Was noch:

- ○ ______________________
- ○ ______________________
- ○ ______________________
- ○ ______________________
- ○ ______________________
- ○ ______________________
- ○ ______________________
- ○ ______________________
- ○ ______________________
- ○ ______________________

Risotto-Grundrezept

Für 4 Personen als Hauptgericht oder für 6 Personen als Vorspeise:

- 1 1/2 l Geflügelfond, am besten selbst gekocht, aber es geht auch mit Fertigfond aus dem Glas oder Hühnerbrühe
- 1 kleine Zwiebel
- 1 EL Olivenöl
- 250 g italienischer Rundkornreis (Avorio oder anderen), zur Not kann man auch unseren, eigentlich für Milchreis gedachten Rundkornreis nehmen
- 45 g Butter
- reichlich Parmesan (Alfred Bioleks Idealmenge sind 80 g), auf jeden Fall frisch gerieben
- Salz, Pfeffer

Wie bei allen puren Gerichten, ohne viel Gewürz oder sonstigen Geschmackszutaten, hängt die Qualität dieses Risottos ganz von der Güte der Grundprodukte ab. Dies gilt für den Reis, die Butter und den Parmesan ebenso wie für den Fond.
Aber mir schmeckt ein Risotto auch mit einfachen, wenn auch nicht schlechten Zutaten.

Den Fond (es darf kein konzentrierter sein) erhitzen und am Sieden halten. Die Zwiebel pellen, sehr fein hacken. Das Olivenöl in einem großen Topf (3 Liter) mit schwerem Boden erhitzen und die Zwiebelwürfel darin glasig dünsten. Den trockenen Reis (vorher nicht waschen) einstreuen und mit einem Holzlöffel rühren, bis er glasig aussieht und ganz leicht angeröstet ist. Die Hitze nun etwas höher stellen.

Etwa 125 ml siedendheißen Fond angießen. Unter ständigem Weiterrühren kochen, bis der Reis den Fond ganz aufgesogen hat. Dann wieder 125 ml heißen Fond zugießen und unter geduldigem Rühren kochen, bis wieder alle Flüssigkeit aufgenommen ist. Dies Ritual so lange wiederholen (dauert etwa 30 Minuten), bis der Reis cremig und weich, jedoch nicht zu Mus verkocht ist. Er muss noch körnig sein.

Risotto Grundrezept

Wichtig ist, dass er ständig „rührend" kocht und sich nicht am Boden ansetzt. Hat der Reis nach 30 Minuten immer noch einen harten Kern, der Fond ist aber aufgebraucht, so kann man stattdessen heißes Wasser (in kleinen Mengen) nehmen, bis der Reis gar ist.

Nun den Topf vom Herd nehmen und die Butter sowie den geriebenen Parmesan unter kräftigem Rühren mit dem Reis vermischen. Dabei muss man sagen, sagt Herr Cipriani aus Venedig, so richtig ins Schwitzen kommen, weil man heftig, ja leidenschaftlich, rühren muss. Der Grund dafür: Die Reisstärke ist beim Kochen auf den Topfboden gesunken und soll jetzt durch das Rühren wieder unter alle Reiskörner gemengt werden. Das sollte etwa 2 Minuten dauern.

Dabei notfalls noch einige Löffel Fond oder Wasser zugeben, wenn der Risotto noch nicht die gewünschte cremige Konsistenz hat.

Bei Herrn Cipriani heißt das: Der Risotto muss „all'onda" sein, das heißt, flüssig wie eine Welle. Das zu erzielen, ohne dass der Reis zu einem Mus verkocht und jedes einzelne Korn, wenn auch weich, so doch noch als Korn spürbar bleibt – das ist die große Kunst des Risotto-Kochens. Nicht das Handtuch werfen, wenn es nicht gleich und immer gelingt, erst Übung macht hier den Meister.

Zuletzt den Risotto noch mit Salz und Pfeffer abschmecken und sofort servieren. Für Parmesan-Süchtige kann noch mehr geriebener Parmesan zum Aufstreuen bei Tisch bereitgehalten werden.

Kräuter-Risotto mit Langustinen

- Zutaten des Grundrezepts, aber 50 g Butter statt Öl
- 1/8 l Weißwein
- 3-4 EL gehackte Kräuter (Petersilie, Kerbel, Estragon, Schnittlauch, Basilikum, Koriander, Liebstöckel – was frisch da ist)
- 400 g rohe, ausgelöste Langustinenschwänze

Risotto nach Grundrezept zubereiten – aber Zwiebel nicht in Öl, sondern in 1 EL Butter andünsten, den angebratenen Reis erst mit Weißwein ablöschen, wenn dieser aufgesogen ist, weiter mit Fond aufgießen. Zum Schluss keinen Parmesan, sondern noch gut 1 EL frische Butter einrühren und die gehackten Kräuter untermischen.

Die Langustinenschwänze längs halbieren, den dunkleren Darm auf der Rückenseite entfernen. In einer Pfanne in der restlichen Butter bei guter Hitze auf jeder Seite ganz kurz, etwa 1-2 Minuten, braten. Auf dem fertigen Risotto anrichten.

Einkaufsliste

Kräuter-Risotto mit Langustinen

- ○ Zutaten des Grundrezepts
- ○ Butter
- ○ Weißwein
- ○ Kräuter
- ○ Langustinenschwänze

Was noch:

- ○ ____________________
- ○ ____________________
- ○ ____________________
- ○ ____________________
- ○ ____________________
- ○ ____________________
- ○ ____________________
- ○ ____________________
- ○ ____________________
- ○ ____________________

Risotto Milanese

- 1/2 TL Safranfäden
  (oder 1/8 TL Safranpulver)
- 125 ml Geflügelfond
- evtl. 1 Bund Suppengemüse
- Zutaten des Grundrezepts, aber 125 ml weniger Geflügelfond

Die Safranfäden oder das Pulver im erhitzten Geflügelfond auflösen, Farbe und Aroma entwickeln sich erst in der Hitze.

Wenn man mag, das Suppengemüse waschen, putzen und sehr klein würfeln, mit der gehackten Zwiebel andünsten. Weiter wie im Grundrezept, nach 15 Minuten wird der Safran-Gemüsefond angegossen, sonst bleibt die Zubereitung gleich.

Einkaufsliste

Risotto Milanese

- ○ Safranfäden
- ○ Geflügelfond
- ○ Zutaten des Grundrezepts

Was noch:

- ○ ______________________
- ○ ______________________
- ○ ______________________
- ○ ______________________
- ○ ______________________
- ○ ______________________
- ○ ______________________
- ○ ______________________
- ○ ______________________
- ○ ______________________

Risotto mit Radicchio

- 3-4 ganz kleine Köpfe Radicchio
- 1 Zwiebel
- 2 EL Olivenöl
- 1/8 l trockener Weißwein
- Salz, Pfeffer
- Zutaten des Grundrezepts

Radicchio waschen und vierteln, den weißen Strunk entfernen, die Viertel grob zerschneiden. Die Zwiebel fein würfeln und in Olivenöl glasig dünsten, den Radicchio zugeben und 4-5 Minuten dünsten, bis er knapp davor ist, weich zu werden. Mit Wein ablöschen, salzen, pfeffern und den Sud bei starker Hitze 2-3 Minuten einkochen, vom Herd nehmen.

Risotto nach dem Grundrezept zubereiten, allerdings den geschmorten Radicchio beim ersten Angießen der Brühe mit unter die Reiskörner mischen.

Einkaufsliste

Risotto mit Radicchio

- ○ Radicchio
- ○ Zwiebel
- ○ Olivenöl
- ○ Weißwein
- ○ Salz, Pfeffer
- ○ Zutaten des Grundrezepts

Was noch:

- ○ ______________________
- ○ ______________________
- ○ ______________________
- ○ ______________________
- ○ ______________________
- ○ ______________________
- ○ ______________________
- ○ ______________________
- ○ ______________________
- ○ ______________________

Sizilianischer Risotto

- 1 mittelgroße Zwiebel
- 2-3 Knoblauchzehen
- 126 g schwarze Oliven
- 1-2 EL Kapern
- 6 reife Tomaten (einfacher: 1 große Dose geschälte Tomaten)
- 1 unbehandelte Zitrone
- Salz
- 6 EL Olivenöl
- 400 g Risotto-Reis
- 1 1/2 Gläser Weißwein
- 1/4 TL getrockneter Oregano
- 1-2 Peperoncini (getrocknete Chilischoten)
- Pfeffer aus der Mühle

Die Zwiebel und die Knoblauchzehen pellen und in feine Würfel schneiden. Das Olivenfleisch vom Kern schneiden und mit den Kapern grob hacken.

Frische Tomaten werden kurz überbrüht, gehäutet und entkernt, Tomaten aus der Dose nur abtropfen lassen. In Stücke schneiden. Zitrone heiß waschen, trocknen und mit einem Zestenreißer die Schale rundum hauchdünn abziehen.

In einem Topf etwa 1 1/2 l Salzwasser erhitzen und leise köcheln lassen.

In einem schweren Topf die Hälfte des Olivenöls erhitzen, die Zwiebel- und Knoblauchwürfel bei mäßiger Hitze weich dünsten.

Den Risotto-Reis einstreuen und unter Rühren so lange leicht anrösten, bis die Körner glasig aussehen.

Den Weißwein angießen und den Reis unter Rühren quellen lassen, bis der Wein aufgesogen ist.

Dann mit einer Schöpfkelle jeweils etwas heißes Wasser zum Reis geben, unter Rühren aufnehmen lassen, erst dann wieder Wasser zugeben und dabei ständig rühren. Nach etwa 20 Minuten sollte der Risotto cremig, aber noch mit Biss sein.

Jetzt die Oliven, Kapern, Tomatenstücke, die Zitronenzesten, den Oregano und die zerbröselten Peperoncini untermischen und noch – weiterrühren – 8 bis 10 Minuten garen. Zum Schluss das restliche Olivenöl unterrühren und den Risotto mit Salz und Pfeffer abschmecken.

Einkaufsliste

Sizilianischer Risotto

- ○ Zwiebel
- ○ Knoblauch
- ○ schwarze Oliven
- ○ Kapern
- ○ Tomaten
- ○ Zitrone
- ○ Salz
- ○ Olivenöl
- ○ Risotto-Reis
- ○ Weißwein
- ○ Oregano
- ○ Peperoncini
- ○ Pfeffer

Was noch:

- ○ ______________________
- ○ ______________________
- ○ ______________________
- ○ ______________________
- ○ ______________________
- ○ ______________________
- ○ ______________________
- ○ ______________________
- ○ ______________________
- ○ ______________________

Rotwein-Risotto

- 1-1,5 l Hühnerbrühe
- 1-2 mittelgroße Zwiebeln (am besten rote)
- 70 g Butter
- 300 g Risotto-Reis
- 400 ml Rotwein (zum Beispiel ein italienischer Amarone di Valpolicella)
- 120 g frisch geriebener Parmesan
- Salz, grob gemahlener schwarzer Pfeffer

Die Hühnerbrühe in einem Topf erhitzen.

Die Zwiebeln pellen und fein würfeln. In einem schweren Topf 20 g Butter zerlassen und die Zwiebeln bei kleiner Hitze in 15 bis 20 Minuten hellbraun schmoren.

Den Risotto-Reis einstreuen und 1 Minute rühren, bis die Körner von der Butter überzogen sind. Die Hitze erhöhen und knapp 1/3 des Weines angießen. So lange unter Rühren kochen, bis der Wein fast zu Sirup eingekocht ist. Nun nach und nach von der heißen Hühnerbrühe angießen, dabei ständig rühren und immer nur so viel Brühe zugeben, wie der Reis aufnehmen kann.

Wenn der Reis fast gar ist und alle Brühe aufgenommen hat, nach und nach den restlichen Wein angießen – dabei soll der Reis die Farbe des Weines annehmen.

Dann den Topf vom Herd nehmen und die Hälfte des Parmesans und die restliche Butter kräftig unterrühren. Den Risotto mit Salz und Pfeffer abschmecken. Servieren und mit dem übrigen Käse bestreuen.

Einkaufsliste

Rotwein-Risotto

- ○ Hühnerbrühe
- ○ Zwiebeln
- ○ Butter
- ○ Risotto-Reis
- ○ Rotwein
- ○ Parmesan
- ○ Salz, Pfeffer

Was noch:

- ○ ______________________
- ○ ______________________
- ○ ______________________
- ○ ______________________
- ○ ______________________
- ○ ______________________
- ○ ______________________
- ○ ______________________
- ○ ______________________
- ○ ______________________

Tintenfisch-Risotto

alfredissimo! Kochen mit BIO

Für 4-6 Personen:

- ca. 750 g Tintenfischtuben (ohne Tinte)
- 2 Knoblauchzehen
- Saft von 1 Zitrone
- Olivenöl
- 1 Zwiebel
- 1/4 l trockener Weißwein
- 1 Beutelchen Tintenfisch-Tinte (beim Fischfachgeschäft vorbestellen)
- ca. 3/4 l Fischbrühe (Fischfond)
- 250 g Avorio-Reis (italienischer Rundkornreis)
- etwas Butter
- Salz und Pfeffer aus der Mühle
- 1 Bund Petersilie (glatte)
- frisch geriebener Parmesan

Die Tintenfischtuben in Streifen schneiden und in durchgepresstem Knoblauch, Zitronensaft und etwas Olivenöl gut 20 Minuten marinieren (man kann sie auch 2 Stunden oder über Nacht kühl gestellt darin liegen lassen).

Für den Risotto die Zwiebel pellen und fein hacken. In Olivenöl andünsten, die Tintenfischstücke zugeben und unter Rühren anbraten, mit Wein ablöschen und die Tinte unterrühren. Bei mäßiger Hitze etwa 20 Minuten leicht köcheln lassen, ab und zu ein wenig Fischbrühe angießen. Den Reise zugeben und unter ständigem Rühren garen, dabei immer wieder von der Fischbrühe zugießen, bis der Reis ausgequollen ist – das dauert gut 30 Minuten. Zuletzt ein Stückchen Butter untermischen und nochmals kräftig durchrühren. Mit Salz und Pfeffer würzen und die gehackte Petersilie zugeben. Zum Servieren noch frisch geriebenen Parmesan darüber streuen oder untermischen, bis der Risotto schön sämig gebunden ist.

Wird der Käse untergemischt, dann die Petersilie erst zum Schluss drüberstreuen, damit der schwarze Reis grün gesprenkelt ist.

Einkaufsliste

Tintenfisch-Risotto

- [ ] Tintenfischtuben
- [ ] Knoblauch
- [ ] Zitrone
- [ ] Olivenöl
- [ ] Zwiebel
- [ ] Weißwein
- [ ] Tintenfisch-Tinte
- [ ] Fischbrühe
- [ ] Avorio-Reis
- [ ] Butter
- [ ] Salz, Pfeffer
- [ ] Petersilie
- [ ] Parmesan

Was noch:

- [ ] ______________________
- [ ] ______________________
- [ ] ______________________
- [ ] ______________________
- [ ] ______________________
- [ ] ______________________
- [ ] ______________________
- [ ] ______________________
- [ ] ______________________
- [ ] ______________________

Pasta mit Muscheln, Garnelen und Avocadosauce

- 2-3 Knoblauchzehen
- 1 reife Avocado
- 3 EL Zitronensaft
- 1 TL körniger oder Dijon-Senf
- 150 g Sahne oder Crème fraîche
- Meersalz, Pfeffer aus der Mühle
- 200 g vorgekochte Krabben oder Garnelen
- 200 g vorgekochte Muscheln
- 400 g Pasta (Tagliatelle oder Spaghetti)

Die Knoblauchzehen pellen und klein schneiden.

Die Avocado schälen und vierteln. An einem Viertel den Kern der Avocado lassen und das Fruchtfleisch mit etwas Zitronensaft beträufeln (Avocadokern und Zitronensaft verhindern, dass sich das Avocadofleisch braun färbt).

Den übrigen Zitronensaft mit dem Senf verrühren.

Drei Viertel der Avocado klein schneiden, den gehackten Knoblauch dazugeben und mit einer Gabel zerdrücken. Die Zitronen-Senf-Mischung zum Avocadomus rühren, die Sahne oder die Crème fraîche untermischen und mit Salz und Pfeffer abschmecken.

Die Krabben und die Muscheln in die Sauce geben. Den Topf mit der Sauce auf ein leise köchelndes Wasserbad setzen und langsam erhitzen.

Inzwischen die Pasta in reichlich Salzwasser „al dente" kochen. Wenn die Pasta gar ist, in ein Sieb abgießen, abtropfen lassen und mit der Sauce vermischen. Auf vorgewärmte Teller verteilen.

Das letzte Viertel der Avocado in Scheiben schneiden und die Pasta damit garnieren. Gleich servieren.

Einkaufsliste

Pasta mit Muscheln, Garnelen und Avocadosauce

- O Knoblauch
- O Avocado
- O Zitronensaft
- O körniger Senf
- O Sahne
- O Meersalz, Pfeffer
- O Krabben
- O Muscheln
- O Pasta

Was noch:

- O ____________________
- O ____________________
- O ____________________
- O ____________________
- O ____________________
- O ____________________
- O ____________________
- O ____________________
- O ____________________
- O ____________________

Riesengarnelen mit Gemüse auf Basmati-Reis

- 400 g Riesengarnelen (möglichst King Prawns)
- Salz
- 250 g Brokkoli
- 4 große Möhren
- 2 Knoblauchzehen
- 1 Zwiebel
- 1 grüne Paprikaschote
- 250 g Basmati-Reis
- 2 EL Butter
- 3 EL Sesamöl
- Sojasauce, Pfeffer

Die Garnelen mit einer Schere am Rücken aufschneiden, Panzer auseinander ziehen und das Schwanzfleisch herausheben, am Rücken mit einem kleinen Messer aufschneiden, den dunkleren Darm mit der Messerspitze entfernen, Garnelenfleisch kurz kalt abspülen, mit Küchenkrepp trocknen.

Salzwasser aufsetzen. Den Brokkoli und die Möhren putzen, in Stücke schneiden und in dem kochenden Wasser in etwa 5 Minuten bissfest garen. Den Knoblauch schälen und fein hacken. Die Zwiebel pellen und in kleine Würfel schneiden. Die Paprikaschote waschen, längs aufschneiden, Strunk, Kerne und Trennwände entfernen, die Schote in Streifen schneiden. Brokkoli- und Möhrenstücke abschrecken, abtropfen lassen.

Den Basmati-Reis in einem Sieb abspülen. Knapp 4 Tassen Wasser aufkochen, den Reis einstreuen, salzen und die Butter zugeben, einmal umrühren. Sobald das Wasser wieder zu kochen beginnt, sofort die Hitze zurückschalten (der Reis kocht schnell über), den Deckel auflegen und bei kleiner Hitze 15 Minuten garen.

Inzwischen in einer Pfanne (oder im Wok) das Sesamöl erhitzen und den Knoblauch andünsten. Die Garnelen zugeben und unter Wenden ganz kurz garen. Dann herausheben und zur Seite stellen.

Die Zwiebel und die Paprikastreifen in der Pfanne rasch anbraten, die vorgekochten Möhren und Brokkoli dazurühren und erhitzen. Zum Schluss die Garnelen untermischen. Mit Sojasauce, Pfeffer und etwas Salz abschmecken.

Nach der Garzeit vom Reis den Deckel abnehmen, den Basmati mit einer Gabel auflockern und dabei ausdampfen lassen. Als Beilage zu den Garnelen servieren.

Einkaufsliste

Riesengarnelen mit Gemüse auf Basmati-Reis

- ○ Riesengarnelen
- ○ Salz
- ○ Brokkoli
- ○ Möhren
- ○ Knoblauch
- ○ Zwiebel
- ○ Paprikaschote
- ○ Basmati-Reis
- ○ Butter
- ○ Sesamöl
- ○ Sojasauce, Pfeffer

Was noch:

- ○ ______________________
- ○ ______________________
- ○ ______________________
- ○ ______________________
- ○ ______________________
- ○ ______________________
- ○ ______________________
- ○ ______________________
- ○ ______________________
- ○ ______________________

Gemüse & Beilagen

Für viele ist das Gemüse heute wichtiger als Fleisch. Eine Entwicklung, die durch immer neue Skandale noch unterstützt wird. Vorbei die Zeit, dass jemand, der kein Fleisch aß, mitleidig angesehen wurde.

Ein Grund dafür war sicherlich das Vorurteil, der Zweck von Gemüse und Beilagen sei es, in Salzwasser totgekocht zu werden und Fleisch und Fisch einzig bei der Füllung des Magens beizustehen.

Die hier vorgestellten Rezepte beweisen hingegen, dass Gemüsegerichte wie z. B. Ratatouille im Römertopf, es als Hauptgerichte mit jedem Fleischgericht aufnehmen können und Beilagen wie Serviettenknödel und Stampfkartoffeln mit Löwenzahn Fisch und Fleisch erst zur richtigen Geltung verhelfen.

Blattspinat

- 1 kg Blattspinat, am liebsten Wurzelspinat, auch Veroneser genannt
- Salz
- 3-5 EL Olivenöl
- Knoblauchzehen nach Geschmack, sehr fein gehackt
- Pfeffer

In sehr viel Wasser den Spinat mehrmals gründlich waschen, verlesen und beim Veroneser Spinat die Wurzeln mit den dicken Stängeln abschneiden. In einem großen Topf Wasser sprudelnd aufkochen, salzen und den Spinat darin zusammenfallen lassen, einmal aufkochen und abgießen.

Im Sieb gut abtropfen lassen und sehr fest ausdrücken. In einem flachen Topf das Olivenöl erhitzen, den Knoblauch ganz kurz andünsten, die Spinatblätter zugeben und unter Rühren fertig dünsten. Mit Salz und Pfeffer abschmecken.

Einkaufsliste

Blattspinat

- ○ Blattspinat
- ○ Salz
- ○ Olivenöl
- ○ Knoblauch
- ○ Pfeffer

Was noch:

- ○ ____________________
- ○ ____________________
- ○ ____________________
- ○ ____________________
- ○ ____________________
- ○ ____________________
- ○ ____________________
- ○ ____________________
- ○ ____________________
- ○ ____________________

Feines Linsengemüse

- 400 g kleine Linsen
- 1 Bund Suppengemüse
- 1 Bund Frühlingszwiebeln
- 2 Schalotten
- 1 EL Zucker
- 25 g Butter
- 1-2 EL Essig, möglichst Himbeeressig
- Salz, Pfeffer

Die Linsen waschen und über Nacht in viel Wasser einweichen.

Am nächsten Tag im Einweichwasser gar kochen, aber so, dass sie noch etwas Biss haben. Je nach Größe und Alter der Linsen dauert das 30-45 Minuten.

Abgießen und abtropfen lassen. Das Suppengemüse, die Frühlingszwiebeln und Schalotten putzen und in sehr feine Scheiben beziehungsweise Würfel schneiden.

In einem Topf bei geringer Hitze den Zucker schmelzen, aber nicht braun werden lassen, dann die Butter dazugeben und die Gemüsewürfel unter Rühren darin gar dünsten. Mit dem Essig ablöschen, die Linsen unterheben und kurz durchziehen lassen. Mit Salz und Pfeffer würzen und anrichten.

Eine kleine Portion davon serviere ich gern als Vorspeise, zum Beispiel mit einem Stückchen Süßwasser-Fischfilet, in heißer Butter kurz gebraten, obendrauf.

Einkaufsliste

Feines Linsengemüse

- ○ Linsen
- ○ Suppengemüse
- ○ Frühlingszwiebeln
- ○ Schalotten
- ○ Zucker
- ○ Butter
- ○ Essig
- ○ Salz, Pfeffer

Was noch:

- ○ ______________________
- ○ ______________________
- ○ ______________________
- ○ ______________________
- ○ ______________________
- ○ ______________________
- ○ ______________________
- ○ ______________________
- ○ ______________________
- ○ ______________________

Möhren mit Kümmel

- 500 g Möhren
  (Karotten, Gelbe Rüben)
- 25 g Butter
- 1 EL Pflanzenöl
- 1/2 TL Kümmel
- Salz, Pfeffer

Die Möhren waschen, mit dem Sparschäler schälen und in dünne Scheiben schneiden. In kochendem Wasser halb gar kochen (das dauert höchstens 5 Minuten), abgießen und abtropfen lassen.

Butter, Pflanzenöl und Kümmel in einem Topf erhitzen, die Möhrenscheiben dazugeben und zugedeckt ohne Flüssigkeit gar dünsten. Mit Salz und Pfeffer würzen.

Einkaufsliste

Möhren mit Kümmel

- ○ Möhren
- ○ Butter
- ○ Pflanzenöl
- ○ Kümmel
- ○ Salz, Pfeffer

Was noch:

- ○ ______________________
- ○ ______________________
- ○ ______________________
- ○ ______________________
- ○ ______________________
- ○ ______________________
- ○ ______________________
- ○ ______________________
- ○ ______________________
- ○ ______________________

Rotwein-Schalotten und -Pilze

- 15 Schalotten (möglichst gleich große mit 2 cm Durchmesser)
- 125 g kleine Egerlinge (braune Champignons), so groß wie die Schalotten
- 125 g kleine Shiitake-Pilze
- 25 g Butter
- 1/8 l Fleischbrühe (Instant)
- 1/8 l kräftiger Rotwein
- 2 Zweige frischer Thymian
- Salz, Pfeffer aus der Mühle

Die Schalotten pellen. Die Pilze trocken (mit einem Pinsel) säubern. Bei Shiitake-Pilzen die Stiele abschneiden.

In einer Pfanne die Butter erhitzen. Die Schalotten und die Pilze unter Rühren 4 bis 5 Minuten anbraten.

Die Brühe und den Wein angießen, Thymianzweige dazulegen. Bei mittlerer Hitze offen etwa 15 Minuten köcheln lassen. Mit Salz und Pfeffer würzen. Warm als Beilage zu Geflügel oder Wild servieren.

Einkaufsliste

Rotwein-Schalotten und -Pilze

- ○ Schalotten
- ○ Egerlinge
- ○ Shiitake-Pilze
- ○ Butter
- ○ Fleischbrühe
- ○ Rotwein
- ○ Thymian
- ○ Salz, Pfeffer

Was noch:

- ○ ____________________
- ○ ____________________
- ○ ____________________
- ○ ____________________
- ○ ____________________
- ○ ____________________
- ○ ____________________
- ○ ____________________
- ○ ____________________
- ○ ____________________

Weiße Bohnen mit Tomaten

- 250 g getrocknete kleine weiße Bohnenkerne (Flageolet- oder Canellini-Bohnen)
- 3 mittelgroße Zwiebeln
- 1 Knoblauchzehe
- Salz
- 4 EL Olivenöl
- 1 TL fein gehackte frische Rosmarinnadeln
- 1 TL getrockneter Thymian
- 2 Lorbeerblätter
- 1 große Dose geschälte Tomaten (Pelati, 800 g)
- Pfeffer aus der Mühle

Die Bohnenkerne über Nacht in reichlich kaltem Wasser einlegen.

Zur Zubereitung die Zwiebeln pellen. Eine Zwiebel halbieren, die übrigen zwei fein würfeln. Den Knoblauch pellen und fein hacken.

Von den eingeweichten Bohnen das Wasser abgießen. Die Bohnen mit der halbierten Zwiebel in einen Topf geben und gut mit Wasser bedecken. 1 TL Salz dazustreuen und aufkochen. Den Schaum abschöpfen, den Deckel auflegen und die Bohnen bei schwacher Hitze in etwa 45 Minuten garen.

In der Zwischenzeit das Olivenöl in der Pfanne erhitzen, die beiden gewürfelten Zwiebeln glasig dünsten. Den gehackten Knoblauch, Rosmarin, Thymian, Lorbeer und die Tomaten zugeben, die Tomaten in der Pfanne grob zerteilen. Alles bei schwacher Hitze ohne Deckel etwa 20 Minuten leise köcheln lassen.

Wenn die Bohnen gar sind, in ein Sieb abgießen und gut abtropfen lassen. Mit der Tomatensauce vermischen und mit Salz und Pfeffer abschmecken.

Einkaufsliste

Weiße Bohnen mit Tomaten

- ○ Bohnenkerne
- ○ Zwiebeln
- ○ Knoblauch
- ○ Salz
- ○ Olivenöl
- ○ Rosmarin
- ○ Thymian
- ○ Lorbeerblätter
- ○ geschälte Tomaten
- ○ Pfeffer

Was noch:

- ○ ____________________
- ○ ____________________
- ○ ____________________
- ○ ____________________
- ○ ____________________
- ○ ____________________
- ○ ____________________
- ○ ____________________
- ○ ____________________
- ○ ____________________

Blaukraut

- ca. 750 Rotkohl (Blaukraut)
- 50 g Gänseschmalz (oder Schweineschmalz)
- 2 säuerliche Äpfel, z. B. Boskop
- Preiselbeeren nach Geschmack
- 1 Lorbeerblatt
- 5-10 Nelken nach Geschmack
- 1 EL rote Pfefferkörner
- 1 Glas Rotwein (ein trockener, Côtes du Rhône oder fränkischer Domina)
- 2-3 EL Aceto Balsamico
- 1-2 EL Rotweinessig
- 2 Brühwürfel
- Zucker nach Geschmack
- 1 Stange Zimt

Von dem Kohlkopf die äußeren, unansehnlichen Blätter entfernen, dann den Kopf in Achtel schneiden und auf einem Gurkenhobel (oder Ähnlichem) in dünne Streifen schneiden.

Das Schmalz in einem großen Topf erhitzen, die Kohlstreifen unter Rühren darin ordentlich anschmoren, die geschälten und in Stücke geschnittenen Äpfel zugeben. Die Preiselbeeren, das Lorbeerblatt, die Nelken und die roten Pfefferkörner unterrühren.

Den Rotwein aufgießen und das Kraut mit Aceto Balsamico und Rotweinessig würzen, mit Brühwürfeln und nach Bedarf etwas Zucker abschmecken. Die Zimtstange dazugeben.

Leise köcheln lassen, bis das Kraut gar ist, aber noch leichten Biss hat. Zum Schluss die Zimtstange herausnehmen.

Das Kraut als Beilage zu gebratenem Rehrücken, Ente oder Gans mit Knödeln servieren.

Einkaufsliste

Blaukraut

- Rotkohl
- Gänseschmalz
- Äpfel
- Preiselbeeren
- Lorbeerblatt
- Nelken
- rote Pfefferkörner
- Rotwein
- Aceto Balsamico
- Rotweinessig
- Brühwürfel
- Zimt

Was noch:

- ____________________
- ____________________
- ____________________
- ____________________
- ____________________
- ____________________
- ____________________
- ____________________
- ____________________
- ____________________

Pilz-Polenta

- *20 g getrocknete Steinpilze*
- *75 g Champignons*
- *1 kleine Zwiebel (oder Schalotte)*
- *2 EL Pflanzenöl*
- *1 l Hühnerbrühe (möglichst selbst gekochte)*
- *Salz*
- *250 g Polenta (Maisgrieß)*
- *80 g frisch geriebener Parmesan*
- *1 TL frischer Oregano*

Die Steinpilze in heißem Wasser etwa 30 Minuten einweichen. Dann die Pilze ausdrücken und grob hacken.

Die Champignons trocken säubern, Stielenden abschneiden und die Champignonköpfe vierteln. Die Zwiebel pellen und fein hacken.

In einer großen, hohen Pfanne das Öl erhitzen und die Zwiebelwürfel andünsten. Wenn sie hellgelb sind, die Champignons zugeben und unter Rühren weiterdünsten. Dann die Steinpilze zugeben, die Hühnerbrühe angießen und mit etwa 1 TL Salz würzen. Die Hitze erhöhen und die Brühe einmal aufkochen lassen, dann die Hitze wieder reduzieren.

Sobald die Brühe nur noch köchelt, den Polentagrieß unter ständigem Rühren mit einem Holzlöffel (immer in der gleichen Richtung) einrieseln lassen, bis der Grieß ohne Klümpchen mit der Brühe vermischt ist.

Die Hitze so weit reduzieren, dass der Brei nur noch ab und zu blubbert. Die Polenta etwa 30 Minuten garen, dabei alle zwei Minuten mit dem Holzlöffel umrühren, bis sich der Brei vom Pfannenrand löst.

Den geriebenen Parmesan kräftig unterrühren und die Polenta mit Oregano und Salz abschmecken.

Einkaufsliste

Pilz-Polenta

- ○ Steinpilze
- ○ Champignons
- ○ Zwiebel
- ○ Pflanzenöl
- ○ Hühnerbrühe
- ○ Salz
- ○ Polenta
- ○ Parmesan
- ○ Oregano

Was noch:

- ○ ______________________
- ○ ______________________
- ○ ______________________
- ○ ______________________
- ○ ______________________
- ○ ______________________
- ○ ______________________
- ○ ______________________
- ○ ______________________
- ○ ______________________

Kohlrouladen mit griechischer Füllung

- etwa 8 große Blätter von einem Wirsing oder Weißkohl
- Salz
- 1 1/2 Tassen Reis
- 1 EL Olivenöl
- 3 EL Pinienkerne
- 2 EL gehackte Petersilie
- Knoblauch nach Belieben
- Pfeffer
- evtl. frische Minzeblätter
- 400 ml Geflügelfond oder Hühnerbrühe

Die großen Blätter vom Wirsing waschen, die dicken Stiele etwas flacher schneiden. Reichlich Salzwasser aufkochen und die Kohlblätter darin 4-5 Minuten überbrühen. Abgießen, mit kaltem Wasser abspülen und trocknen.

In einem Topf leicht gesalzenes Wasser aufkochen, den Reis einstreuen und kochen. Nach 10-12 Minuten probieren, ob er schon gar ist – wenn nicht, noch einige Minuten kochen lassen. Ist er gerade knapp gar, in ein Sieb abschütten und abtropfen lassen.

In einer Pfanne Olivenöl erhitzen, die Pinienkerne darin anrösten, bis sie goldbraun sind. Mit der gehackten Petersilie und – nach Belieben – dem zerdrückten Knoblauch unter den Reis mischen, mit Salz und Pfeffer abschmecken, eventuell einige frische Minzeblätter fein gehackt dazugeben. Die Kohlblätter mit der Reismischung füllen, aufrollen und zubinden. Die Kohlrouladen in einen Topf legen, mit Geflügelfond oder Hühnerbrühe aufgießen und zugedeckt etwa 20 Minuten leise köcheln lassen.

Man könnte zum Beispiel ein griechisches Kartoffelpüree dazu servieren – mit Knoblauch und Olivenöl zubereitet.

Einkaufsliste

Kohlrouladen mit griechischer Füllung

- O Wirsing
- O Salz
- O Reis
- O Olivenöl
- O Pinienkerne
- O Petersilie
- O Pfeffer
- O Geflügelfond

Was noch:

- O ______________________________
- O ______________________________
- O ______________________________
- O ______________________________
- O ______________________________
- O ______________________________
- O ______________________________
- O ______________________________
- O ______________________________
- O ______________________________

Toskanischer Wirsing

- 1 Wirsingkohl
- 1 große Zwiebel
- 1 Knoblauchzehe
- 6 geschälte Tomaten (aus der Dose)
- 2-3 EL Olivenöl
- 125 ml Hühnerbrühe (oder Gemüsebrühe)
- 1-2 EL Weißweinessig
- 1 TL getrockneter Thymian
- Salz, Pfeffer aus der Mühle
- 50 g Butter
- 80-100 g Pecorino oder Parmesan am Stück

Vom Wirsing die äußeren, dunkelgrünen Blätter ablösen (für ein anderes Gericht verwenden), den Kohl achteln und den Strunk herausschneiden. Die Kohlachtel in etwa 1/2 cm schmale Streifen schneiden.

Die Wirsingstreifen in ein Sieb geben und gründlich waschen, gut abtropfen lassen. Die Zwiebel und den Knoblauch pellen, die Zwiebel halbieren und in Streifen schneiden. Die Tomaten in grobe Stücke schneiden.

In einem Bräter das Olivenöl erhitzen. Die Zwiebelstreifen hellbraun anschmoren. Die Kohlstreifen unterrühren und den Knoblauch durch die Presse dazudrücken.

Die Tomatenstücke zugeben und die Brühe angießen. Essig und Thymian zugeben, salzen und pfeffern. Einmal aufkochen, dann den Deckel auflegen und das Gemüse bei kleiner Hitze garen.

Kurz vor dem Servieren die Butter untermischen. Den Käse frisch reiben und über das Wirsinggemüse streuen.

Einkaufsliste

Toskanischer Wirsing

- ○ Wirsingkohl
- ○ Zwiebel
- ○ Knoblauch
- ○ geschälte Tomaten
- ○ Olivenöl
- ○ Hühnerbrühe
- ○ Weißweinessig
- ○ Thymian
- ○ Salz, Pfeffer
- ○ Butter
- ○ Pecorino

Was noch:

- ○ ______________________
- ○ ______________________
- ○ ______________________
- ○ ______________________
- ○ ______________________
- ○ ______________________
- ○ ______________________
- ○ ______________________
- ○ ______________________
- ○ ______________________

Ratatouille im Römertopf

Für 4-6 Personen:

- 250 g durchwachsener Speck
- 5 mittelgroße Zwiebeln
- 500 g Zucchini
- 500 g Salatgurke
- 500 g Tomaten
- 500 g Paprikaschoten
- 500 g Auberginen
- etwas Öl
- Salz, Pfeffer
- 2-4 Zehen Knoblauch
- Rosenpaprika, gekörnte Brühe
- 1 TL Zucker

Einen großen Tontopf nach Vorschrift wässern. Den Speck würfeln, die Zwiebeln pellen und grob zerschneiden. Die Zucchini waschen und grob würfeln. Salatgurke waschen, eventuell streifig schälen, grob würfeln. Die Tomaten mit kochendem Wasser überbrühen, häuten, die grünen Strünke ausschneiden, das Fruchtfleisch fein würfeln. Die Paprikaschoten waschen, halbieren, Stielansätze, Kerne und helle Trennwände entfernen, grob würfeln. Die Auberginen waschen, stachelige Stielansätze entfernen, die Früchte grob würfeln.

Die Speckwürfelchen in einer Pfanne mit etwas Öl unter Rühren anbraten, bis sich das Fett vom fleischigen Teil getrennt hat. Die zerschnittenen Zwiebeln in diesem würzigen Speckfett dünsten, bis sie glasig sind.

Speck-Ziebeln auf dem Boden des Römertopfs als „Bett" ausbreiten, darauf die verschiedenen Gemüsesorten in einzelnen Lagen schichten. Jede Lage mit Salz und Pfeffer würzen. Knoblauch schälen, durch eine Presse auf die oberste Schicht drücken, mit Rosenpaprika, gekörnter Brühe und Zucker bestreuen. Den Deckel auflegen.

In den kalten Backofen schieben, auf 200 °C schalten und 40 bis 50 Minuten garen, das Gemüse soll dann noch Biss haben. Vor dem Servieren vorsichtig umrühren.

Einkaufsliste

Ratatouille im Römertopf

- durchwachsener Speck
- Zwiebeln
- Zucchini
- Salatgurke
- Tomaten
- Paprikaschoten
- Auberginen
- Öl
- Salz, Pfeffer
- Knoblauch
- Rosenpaprika, gekörnte Brühe
- Zucker

Was noch:

- ______________________
- ______________________
- ______________________
- ______________________
- ______________________
- ______________________
- ______________________
- ______________________
- ______________________
- ______________________

Ratatouille à la Niçoise

- 500 g Tomaten
- 500 g Auberginen
- 200 g Zwiebeln
- 5 EL Olivenöl
- 1 Lorbeerblatt
- getrockneter Thymian
- getrockneter Majoran
- Salz, schwarzer Pfeffer

Die Tomaten mit kochendem Wasser überbrühen, Haut abziehen und die grünen Strünke am Stielansatz entfernen, das Fruchtfleisch würfeln. Die Auberginen mit einem scharfen Messer schälen, ebenfalls würfeln. Die Zwiebeln pellen, sehr fein hacken und in dem Olivenöl goldgelb schmoren. Die Gemüsewürfel, das Lorbeerblatt sowie Thymian und Majoran nach Geschmack zugeben. Mit Salz, schwarzem Pfeffer würzen und alles zugedeckt etwa 1 Stunde auf kleinster Stufe köcheln lassen. Das Gemüse sollte dann recht weich sein.

Ratatouille passt hervorragend zu Lammkoteletts.

Einkaufsliste

Ratatouille à la Niçoise

- Tomaten
- Auberginen
- Zwiebeln
- Olivenöl
- Lorbeerblatt
- Thymian
- Majoran
- Salz, Pfeffer

Was noch:

- ______________________
- ______________________
- ______________________
- ______________________
- ______________________
- ______________________
- ______________________
- ______________________
- ______________________
- ______________________

Grammelkraut

- 2 Zwiebeln
- 100 g durchwachsener Speck (süddeutsch „Wammerl")
- etwas Schweineschmalz
- 500 g Sauerkraut (Dose oder frisch vom Fass)
- Salz, Pfeffer aus der Mühle
- 1 TL Kümmel
- 1/4 l Fleischbrühe
- 1 kleine fest kochende Kartoffel
- 100 g grüner (frischer) Speck

Die Zwiebeln pellen und fein würfeln. Den durchwachsenen Speck in feine Streifen schneiden.

In einem Topf etwas Schmalz zerlassen und die Speckstreifen anbraten. Die Zwiebeln zugeben, glasig dünsten.

Das Sauerkraut zugeben und mit Salz, Pfeffer und Kümmel würzen. Mit der Fleischbrühe aufgießen und 10 Minuten köcheln lassen.

Die Kartoffel schälen und auf einer feinen Rohkostreibe zum Kraut hobeln, untermischen. Weitere 10 Minuten unter gelegentlichem Rühren köcheln lassen.

Den grünen Speck in Würfelchen schneiden und in eine kleine Pfanne geben. Bei mittlerer Hitze braten, bis die Speckwürfel knusprig und gebräunt sind. Diese Grieben („Grammeln") über das fertig gekochte Kraut geben.

alfredissimo! Kochen mit BiO

Einkaufsliste

Grammelkraut

- ○ Zwiebeln
- ○ durchwachsener Speck
- ○ Schweineschmalz
- ○ Sauerkraut
- ○ Salz, Pfeffer
- ○ Kümmel
- ○ Fleischbrühe
- ○ Kartoffel
- ○ grüner Speck

Was noch:

- ○ ______________________
- ○ ______________________
- ○ ______________________
- ○ ______________________
- ○ ______________________
- ○ ______________________
- ○ ______________________
- ○ ______________________
- ○ ______________________
- ○ ______________________

Curry-Gemüse

- 100 g frische kleine Maiskölbchen (oder eine Dose à 400 g)
- Salz
- 250 g Möhren
- 1 Bund dünne Frühlingszwiebeln (Lauchzwiebeln)
- 100 g frische Bohnenkeime
- 2 Knoblauchzehen
- 1 walnussgroßes Stück frischer Ingwer
- 5 frische Zitronenblätter
- 1 TL Currypaste
- 2 EL Fischsauce
- 2 EL Sojasauce
- 200 ml Kokosmilch
- 2 TL Zucker
- 2 EL Öl zum Braten

Die Maiskölbchen waschen und in leicht gesalzenem Wasser zugedeckt etwa 7 Minuten vorkochen, gut abtropfen lassen und halbieren (Maiskölbchen aus der Dose nur abtropfen lassen).

Die Möhren putzen, schälen und in streichholzfeine Stifte schneiden. Die Frühlingszwiebeln putzen, waschen und in maiskölbchenlange Stücke schneiden. Die Bohnenkeime heiß überbrausen und abtropfen lassen.

Knoblauchzehen und den Ingwer schälen, fein hacken. Die Zitronenblätter waschen und in hauchfeine Streifen schneiden.

Die Currypaste mit Fischsauce, Sojasauce, Koskosmilch und Zucker verrühren.

In einem Wok oder einer tiefen Pfanne das Öl erhitzen. Gehackten Knoblauch und Ingwer kurz anbraten, dann die Möhrenstreifen und den Mais zugeben, unter ständigem Rühren und Wenden 2 Minuten braten.

Die Frühlingszwiebeln und Bohnenkeime zugeben und weitere 2 Minuten unter Rühren braten. Mit der Currysauce übergießen und noch etwa 3 Minuten garen. Mit den Zitronenblattstreifen bestreuen und servieren.

Einkaufsliste

Curry-Gemüse

- ○ Maiskölbchen
- ○ Salz
- ○ Möhren
- ○ Frühlingszwiebeln
- ○ Bohnenkeime
- ○ Knoblauch
- ○ Ingwer
- ○ Zitronenblätter
- ○ Currypaste
- ○ Fischsauce
- ○ Sojasauce
- ○ Kokosmilch
- ○ Zucker
- ○ Öl

Was noch:

- ○ ______________________
- ○ ______________________
- ○ ______________________
- ○ ______________________
- ○ ______________________
- ○ ______________________
- ○ ______________________
- ○ ______________________
- ○ ______________________
- ○ ______________________

Gemüse auf asiatische Art

- 150 g Möhren
- 150 g Zucchini
- 150 g grüne Paprikaschote
- 100 g Champignons
- 150 g Zwiebeln
- 3 EL Sesamöl oder mildes Pflanzenöl zum Braten
- Sojasauce
- Sesamsamen
- Salz, Pfeffer
- ein Schuss Reiswein oder Weißwein
- nach Geschmack Honig und Zitronensaft

Die Möhren, Zucchini und die Paprikaschote putzen, waschen, Möhren schälen. Die Champignons möglichst nur trocken, zum Beispiel mit einem Kuchenpinsel, säubern. Sind sie sehr sandig, ganz kurz in Wasser schwenken. Die Zwiebeln schälen. Die Möhren und Zucchini in feine Stifte schneiden, die Zwiebeln in dünne Scheiben, die grüne Paprikaschote in schmale Streifen.

Die Champignons feinblättrig aufschneiden. Möglichst in einem Wok, sonst in einer großen, hohen Pfanne das Sesam- oder Pflanzenöl (oder auch ein Gemisch aus beiden) erhitzen und das Gemüse unter ständigem Rühren braten, bis es gar ist, aber noch Biss hat – das dauert nur wenige Minuten.

Mit einem guten Schuss Sojasauce, Sesamsamen, Salz und Pfeffer würzen und mit wenig Reiswein oder etwas mehr Weißwein ablöschen. Nach Geschmack mit Honig und Zitronensaft süß-säuerlich abschmecken.

Eine pikante Beilage zu Fisch oder Geflügel.

alfredissimo!
Kochen mit BIO

Einkaufsliste

Gemüse auf asiatische Art

- ○ Möhren
- ○ Zucchini
- ○ grüne Paprikaschote
- ○ Champignons
- ○ Zwiebeln
- ○ Sesamöl
- ○ Sojasauce
- ○ Sesamsamen
- ○ Salz, Pfeffer
- ○ Reiswein
- ○ Honig, Zitronensaft

Was noch:

- ○ ______________________
- ○ ______________________
- ○ ______________________
- ○ ______________________
- ○ ______________________
- ○ ______________________
- ○ ______________________
- ○ ______________________
- ○ ______________________
- ○ ______________________

Geschmorter Fenchel

- 1 kg Fenchelknollen
- 5-6 Knoblauchzehen
- 5-6 EL Olivenöl
- Salz, Pfeffer aus der Mühle
- Gemüsebrühe oder Wasser

Die Fenchelknollen waschen und vierteln, den harten Strunk am Wurzelansatz wegschneiden. Den Knoblauch pellen, ganz lassen.

In einer Pfanne das Olivenöl erhitzen, die Fenchelstücke bei mittlerer Hitze unter Wenden leicht anbräunen, dabei salzen und pfeffern.

Knoblauchzehen zugeben und hellbraun braten, dabei das Wenden nicht vergessen. So viel Brühe oder Wasser angießen, dass der Fenchel zu 1/3 bedeckt ist. Die Hitze vermindern und den Fenchel leise simmern lassen, bis er sehr weich ist – eventuell Flüssigkeit nachgießen, am Schluss soll aber die ganze Brühe eingekocht sein.

Warm zu geschmortem Fleisch oder Geflügel servieren.

Einkaufsliste

Geschmorter Fenchel

- ○ Fenchelknollen
- ○ Knoblauch
- ○ Olivenöl
- ○ Salz, Pfeffer
- ○ Gemüsebrühe

Was noch:

○ ______________________________

○ ______________________________

○ ______________________________

○ ______________________________

○ ______________________________

○ ______________________________

○ ______________________________

○ ______________________________

○ ______________________________

○ ______________________________

Kartoffel-Sellerie-Püree

- 300 g Kartoffeln
- 400 g Sellerieknolle
- 30 g Butter
- 1/4 l Milch
- Salz, Pfeffer aus der Mühle
- Muskatnuss

Die Kartoffeln und die Sellerieknolle waschen, schälen und in etwa 1,5 cm große Würfel schneiden.

In einen Topf mit Dämpfeinsatz etwas Wasser geben, die Kartoffel- und die Selleriewürfel in den Dämpfeinsatz geben, in den Topf stellen und zugedeckt aufkochen. In 12 bis 15 Minuten weich dämpfen.

Das Gemüse in eine Schüssel füllen und mit dem Kartoffelstampfer zerdrücken. Mit einem Schneebesen Butter und Milch unterschlagen, mit Salz, Pfeffer und Muskat abschmecken.

Einkaufsliste

Kartoffel-Sellerie-Püree

- O Kartoffeln
- O Sellerieknolle
- O Butter
- O Milch
- O Salz, Pfeffer
- O Muskatnuss

Was noch:

- O ______________________
- O ______________________
- O ______________________
- O ______________________
- O ______________________
- O ______________________
- O ______________________
- O ______________________
- O ______________________
- O ______________________

Reform-Kartoffeln

Pro Person:

- 5 kleine neue Kartoffeln
- 2-3 EL Olivenöl
- 1 Knoblauchzehe
- Salz, Kümmel

Wenn es im Frühjahr die kleinen, neuen Kartoffeln gibt: Pro Esser 5 Stück davon waschen, am besten abbürsten. Den Backofen auf 200 °C vorheizen. Die Kartoffeln halbieren, mit 2-3 EL Olivenöl und einer geschälten Knoblauchzehe in eine Pfanne geben.

Leicht salzen und, nach Geschmack, etwa 1/3 TL Kümmel drüberstreuen. In den Ofen schieben und rund 45 Minuten braten, ab und zu die Pfanne herausnehmen und kräftig rütteln.

Dazu gibt es bei mir Sahnequark, der mit Pfeffer, Salz und vielen frischen Kräutern angemacht ist.

alfredissimo!
Kochen mit BiO

Einkaufsliste

Reform-Kartoffeln

- ○ neue Kartoffeln
- ○ Olivenöl
- ○ Knoblauch
- ○ Salz, Kümmel

Was noch:

- ○ ______________________
- ○ ______________________
- ○ ______________________
- ○ ______________________
- ○ ______________________
- ○ ______________________
- ○ ______________________
- ○ ______________________
- ○ ______________________
- ○ ______________________

Neue Kartoffeln mit Minze

- 1 kg kleine neue Kartoffeln
- Salz
- 1 Bund frische Minze
- 50 g Butter
- Pfeffer

Kartoffeln gründlich säubern und mit der Bürste unter fließendem Wasser schrubben, da die Schale mitgegessen wird. In einen Topf geben, mit Wasser bedecken, salzen und zum Kochen bringen. Kurz heftig aufkochen lassen, dann die Hitze herunterschalten und zugedeckt gut 15 Minuten garen (mit einem kleinen, spitzen Messer einstechen, ob die Kartoffeln im Kern noch fest sind). Die Minze waschen, trockenschleudern und fein hacken.

Kartoffeln in ein Sieb schütten, den Topf innen säubern und abtrocknen, die Butter darin schmelzen, dann die Kartoffeln wieder in den Topf geben und in der Butter schwenken, salzen und pfeffern.
Die gehackte Minze darüber streuen. Mit einem Holzlöffel vorsichtig untermischen und einige Minuten ziehen lassen.

alfredissimo! Kochen mit BiO

Einkaufsliste

Neue Kartoffeln mit Minze

- ○ neue Kartoffeln
- ○ Salz
- ○ Minze
- ○ Butter
- ○ Pfeffer

Was noch:

- ○ ______________________
- ○ ______________________
- ○ ______________________
- ○ ______________________
- ○ ______________________
- ○ ______________________
- ○ ______________________
- ○ ______________________
- ○ ______________________
- ○ ______________________

Rosmarin-Kartoffeln

- 1 kg sehr kleine, fest kochende Kartoffeln
- 3-4 EL Olivenöl
- 1-2 frische Rosmarinzweige
- Salz, Pfeffer

Die Kartoffeln unter fließendem Wasser gründlich säubern und abbürsten, in der Schale etwa 15 Minuten kochen, dann abgießen und ausdampfen lassen. Falls sie zu groß sind, vierteln.

In einer Pfanne das Olivenöl erhitzen und die Kartoffeln mit den Rosmarinnadeln darin bei kleiner bis mittlerer Hitze leicht anbräunen (nicht richtig rösten). Salzen und pfeffern – natürlich frisch aus der Mühle.

alfredissimo!
Kochen mit BIO

Einkaufsliste

Rosmarin-Kartoffeln

- ○ Kartoffeln
- ○ Olivenöl
- ○ Rosmarin
- ○ Salz, Pfeffer

Was noch:

- ○ ______________________
- ○ ______________________
- ○ ______________________
- ○ ______________________
- ○ ______________________
- ○ ______________________
- ○ ______________________
- ○ ______________________
- ○ ______________________
- ○ ______________________

Stampfkartoffeln mit Löwenzahn

- 750 g mehlig kochende Kartoffeln
- Salz
- 1/2 l Fleischbrühe
- 250 g Löwenzahn (ganz zarter, junger)
- 2 EL Pflanzenöl
- 2 EL Essig
- 1 Zwiebel
- Pfeffer, Muskat

Kartoffeln waschen, schälen und in Stücke schneiden. In Salzwasser 25 Minuten garen, abgießen. Mit Fleischbrühe grob zerstampfen. Löwenzahn waschen, abtropfen lassen und in Streifen schneiden. Aus Öl, Essig, fein gehackter Zwiebel, Salz, Pfeffer und Muskat eine Salatsauce rühren, mit dem Löwenzahn unter die Kartoffeln heben und lauwarm servieren.

alfredissimo! Kochen mit BiO

Einkaufsliste

Stampfkartoffeln mit Löwenzahn

- ○ Kartoffeln
- ○ Salz
- ○ Fleischbrühe
- ○ Löwenzahn
- ○ Pflanzenöl
- ○ Essig
- ○ Zwiebel
- ○ Pfeffer, Muskat

Was noch:

- ○ ______________________
- ○ ______________________
- ○ ______________________
- ○ ______________________
- ○ ______________________
- ○ ______________________
- ○ ______________________
- ○ ______________________
- ○ ______________________
- ○ ______________________

Spinat-Knödel

Für 12 Knödel:

- 300 g altbackenes Weißbrot
- 125-250 ml Milch
- 800 g Spinat, Salz
- 30 g Butter
- 1 Knoblauchzehe
- 1 kleine Zwiebel
- 2 Eier
- Pfeffer, frisch geriebene Muskatnuss
- 1 EL Mehl
- 2 EL Semmelbrösel
- Mehl zum Wenden
- 80 g Butter
- 4 EL geriebener Parmesankäse

Das Brot in dünne Scheiben schneiden. Die Milch in einem Topf sehr warm werden lassen, aber nicht aufkochen. Die Brotscheiben mit so viel heißer Milch anfeuchten, wie das Brot aufnimmt.

Den Spinat gut waschen, in Salzwasser einige Minuten überbrühen. In ein Sieb abgießen, gut ausdrücken und fein hacken oder passieren. Die Butter zerlassen, zerdrückte Knoblauchzehe und die fein gehackte Zwiebel darin andünsten, den gehackten Spinat zugeben und alles 5 Minuten dünsten, etwas abkühlen lassen.

Die Eier und den Spinat zum Brot geben, vermischen. Mit Salz, Pfeffer und einer Prise Muskat abschmecken, Mehl und Semmelbrösel zugeben.

Die Arbeitsfläche mit Mehl bestäuben. Mit nassen Händen aus der Masse kleine Knödel formen und leicht in dem Mehl wenden. Reichlich Salzwasser – die Knödel gehen beim Kochen auf und brauchen Platz zum Schwimmen – erhitzen. Wenn das Wasser sprudelnd kocht, die Knödel einlegen und bei schwächerer Hitze ohne Deckel etwa 15 Minuten leise köcheln lassen.

Die 80 g Butter in einem Pfännchen zerlassen. Die fertigen Knödel abtropfen lassen, mit dem (natürlich frisch) geriebenen Parmesan bestreuen und mit zerlassener Butter übergießen, gleich servieren.

Einkaufsliste

Spinat-Knödel

- ○ Weißbrot
- ○ Milch
- ○ Spinat, Salz
- ○ Butter
- ○ Knoblauch
- ○ Zwiebel
- ○ Eier
- ○ Pfeffer, Muskatnuss
- ○ Mehl
- ○ Semmelbrösel
- ○ Butter
- ○ Parmesankäse

Was noch:

- ○ ____________________
- ○ ____________________
- ○ ____________________
- ○ ____________________
- ○ ____________________
- ○ ____________________
- ○ ____________________
- ○ ____________________
- ○ ____________________
- ○ ____________________

Serviettenknödel

- 4 frische Semmeln
- 1/2 l Milch
- 1 ganzes Ei
- 1 Eidotter
- 50 g Butter
- Salz
- etwa 100 g Mehl

Die Semmeln würfeln – etwa zur Größe einer Daumenkuppe. Mit Milch, ganzem Ei und Eidotter vermischen.

Die Butter bei milder Hitze schmelzen lassen und unter die Semmelmasse rühren, leicht salzen. Die Masse etwa 15 Minuten ruhen lassen.

Nach der Ruhezeit die Knödelmasse erneut gut durchmischen und das Mehl unterkneten.

Es muss ein Knödelteig entstehen, dessen Konsistenz in der Mitte zwischen flüssig und fest liegt. Für den Anfänger empfiehlt es sich, etwas mehr Mehl zu nehmen. Der Knödel wird dann nicht ganz so locker, wie er sein soll, kann aber als gelungen anerkannt werden. Mit zunehmender Erfahrung traut man sich dann, immer weniger Mehl zu nehmen. Einfach ausprobieren!

Ein sauberes Küchenhandtuch oder eine große Serviette (daher kommt der Name) nass machen und die Knödelmasse darin zu einer Rolle formen. An beiden Enden mit einem längeren Faden zubinden.

In einem großen, möglichst länglichen Topf drei viertel hoch Wasser zum Kochen bringen, salzen. Quer über den Topf einen langen Kochlöffel legen und die Knödelrolle mit den Bindfäden so daran befestigen, dass sie frei im Kochwasser hängt. 30 Minuten sprudelnd kochen, dann das Paket aus dem Topf nehmen, Faden lösen, auf eine vorgewärmte Platte legen. Die Enden eines festen, dünnen Zwirnfadens von etwa 30 cm Länge um die Zeigefinger jeder Hand wickeln und damit den Knödel in Scheiben schneiden, auf keinen Fall mit dem Messer, sonst klatschen die Scheiben zusammen. Vorsichtig mit einem Tortenheber servieren.

Einkaufsliste

Serviettenknödel

- ○ Semmeln
- ○ Milch
- ○ Eier
- ○ Butter
- ○ Salz
- ○ Mehl

Was noch:

- ○ ____________________
- ○ ____________________
- ○ ____________________
- ○ ____________________
- ○ ____________________
- ○ ____________________
- ○ ____________________
- ○ ____________________
- ○ ____________________
- ○ ____________________

Semmelknödel

Für 4-6 Personen:

- 10 Brötchen, altbacken
- Salz, Pfeffer, Muskatnuss
- 3/8 l Milch
- 100 g durchwachsener Speck
- 1 Zwiebel, mittelgroß
- 4 Eier
- 25 g Butter
- 4 EL fein gehackte Petersilie

Die Brötchen in sehr dünne Scheiben schneiden (die Bayern können das Knödelbrot praktischerweise schon fertig geschnitten kaufen), in einer Schüssel mit Salz, Pfeffer und etwas geriebener Muskatnuss vermischen.

Die Milch erwärmen und darüber gießen. Mit einem großen Teller beschweren und 30 Minuten ziehen lassen. Inzwischen den Speck und die geschälte Zwiebel fein würfeln. Die Speckwürfel in einer kleinen Pfanne auslassen, die Zwiebelwürfel darin glasig dünsten, dann etwas abkühlen lassen und mit den Eiern unter den Teig mischen.

Die Butter in einem Pfännchen schmelzen und zusammen mit der Petersilie unter den Teig kneten.

Mit angefeuchteten Händen nicht zu große Knödel aus dem Teig formen. Einen großen Topf mit Wasser aufkochen, Salz dazustreuen und in dem leise simmernden Wasser die Knödel etwa 20 Minuten ziehen lassen.

Mit einem Schaumlöffel vorsichtig aus dem Wasser heben, abtropfen lassen und zu Gerichten mit viel Sauce servieren.

Einkaufsliste

Semmelknödel

- ○ Brötchen
- ○ Salz, Pfeffer, Muskatnuss
- ○ Milch
- ○ durchwachsener Speck
- ○ Zwiebel
- ○ Eier
- ○ Butter
- ○ Petersilie

Was noch:

- ○ ____________________
- ○ ____________________
- ○ ____________________
- ○ ____________________
- ○ ____________________
- ○ ____________________
- ○ ____________________
- ○ ____________________
- ○ ____________________
- ○ ____________________

Gemüse-Bäckerofen

- 750 g fest kochende Kartoffeln
- 300 g Möhren
- 3 Zwiebeln
- 3 Knoblauchzehen
- 1 Stange Lauch
- 3 Zweige Majoran
- 50 g Butter
- 2 Lorbeerblätter
- Salz, Pfeffer
- 1/4 l Fleischbrühe
- 1/8 l trockener Weißwein

Die Kartoffeln waschen, schälen und in 1/2 Zentimeter dicke Scheiben schneiden. Die Möhren waschen, schälen und ebenfalls in Scheiben schneiden.

Zwiebeln und Knoblauchzehen pellen. Die Zwiebeln durch den Wurzelansatz halbieren und längs in Streifen schneiden. Die Knoblauchzehen fein hacken. Von der Lauchstange den dunkelgrünen Teil längs aufschlitzen und unter fließendem Wasser gründlich waschen, bis auch das letzte Sandkörnchen ausgespült ist. Die Lauchstange in fingerbreite Streifen schneiden. Majoranzweige waschen, die Blättchen abzupfen.

Eine Auflaufform (zu der es einen Deckel gibt) mit etwas Butter ausstreichen. Lagenweise Kartoffel- und Möhrenscheiben, Zwiebelscheiben und Lauch einschichten, dazwischen die Majoranblättchen streuen und die Lorbeerblätter, jede Lage mit Salz und Pfeffer würzen. Die oberste Schicht soll aus Kartoffelscheiben bestehen.

Die Fleischbrühe mit dem Weißwein aufkochen und über den Auflauf gießen. Die restliche Butter in kleinen Flöckchen draufsetzen und die Form abdecken. Haben Sie keinen Deckel dazu oder schließt er nicht ganz dicht, so decken Sie die Form mit Alufolie ab und drücken sie gut am Rand fest. Der Auflauf kommt jetzt auf der unteren Schiene in den Backofen, der Regler wird auf 175 °C geschaltet. Bei dieser Temperatur etwa 2 1/2 Stunden backen, in der letzten Viertelstunde den Deckel oder die Alufolie abnehmen, damit die Oberfläche noch etwas nachbräunen kann.

In der Form servieren. Dazu passen zum Beispiel Lammkoteletts, ein Lammrücken oder Entenbrustfilets.

alfredissimo! Kochen mit BIO

Einkaufsliste

Gemüse-Bäckerofen

- ○ Kartoffeln
- ○ Möhren
- ○ Zwiebeln
- ○ Knoblauch
- ○ Lauch
- ○ Majoran
- ○ Butter
- ○ Lorbeerblätter
- ○ Salz, Pfeffer
- ○ Fleischbrühe
- ○ Weißwein

Was noch:

- ○ ____________________
- ○ ____________________
- ○ ____________________
- ○ ____________________
- ○ ____________________
- ○ ____________________
- ○ ____________________
- ○ ____________________
- ○ ____________________
- ○ ____________________

Fisch & Meeresfrüchte

Fisch ist nicht nur gesünder als Fleisch, er ist auch sehr praktisch für die schnelle und kreative Küche. Fast alle Rezepte in dieser Rubrik sind nicht nur einfach und unkompliziert, sondern auch schneller zuzubereiten als die meisten Fleischgerichte.

Bei vielen der vorgestellten Gerichte kann man übrigens den vorgeschlagenen Fisch durch einen anderen ersetzen.
Der Ersatzfisch muss nur in der Konsistenz dem im Rezept angegebenen Fisch ähneln.

Viele Gerichte eignen sich bei einem Menü mit mehreren Gängen auch als Vorspeise, wenn man die Portionen halbiert.

Ansonsten gibt es bei der Zubereitung von Fisch nur noch die drei „S" zu beachten: säubern, säuern, salzen – und frisch sollte der Fisch sein.

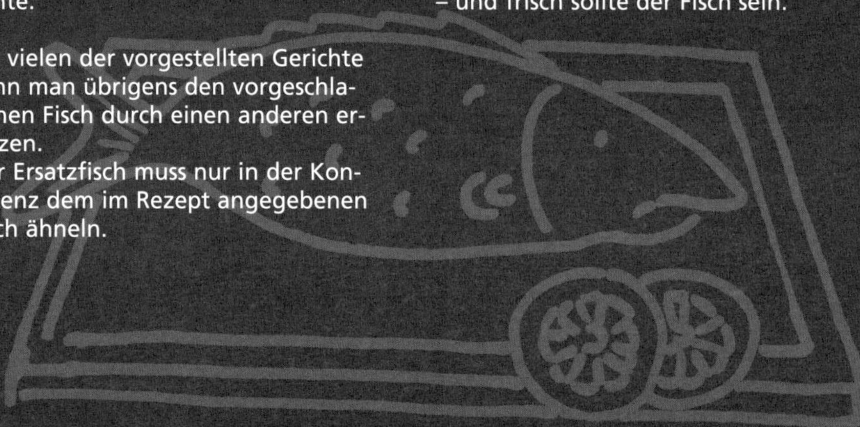

Thunfisch mit Lorbeer

- *4 Scheiben frischer Thunfisch, ca. 3 cm dick, 200-250 g pro Scheibe*
- *3 EL Zitronensaft*
- *Salz, Pfeffer*
- *6 EL Olivenöl*
- *20 Lorbeerblätter*
- *20 g Butter*

Thunfischscheiben kurz waschen, mit Küchenkrepp trocknen. 2 EL Zitronensaft mit Salz, Pfeffer und 4 EL Olivenöl verrühren. Den Thunfisch zusammen mit den halbierten Lorbeerblättern und dem Zitronenöl vorsichtig in einen Gefrierbeutel legen, gut verschließen und mindestens 4 Stunden im Kühlschrank unter gelegentlichem Wenden ziehen lassen. 2 EL Olivenöl mit der Butter in einer großen Pfanne erhitzen. Die Thunfischschnitten aus der Marinade heben und von den Lorbeerblättern befreien, in der Pfanne auf jeder Seite etwa 5 Minuten braten. Der Fisch muss gerade durch sein, darf aber nicht austrocknen.

Anschließend salzen und leicht pfeffern. Aus der Pfanne auf eine vorgewärmte Platte heben. Bratensatz vom Pfannenboden mit der Marinade (aber ohne die Lorbeerblätter) lösen, aufkochen und über den Fisch gießen. Eventuell mit frischen Lorbeerblättern garnieren.

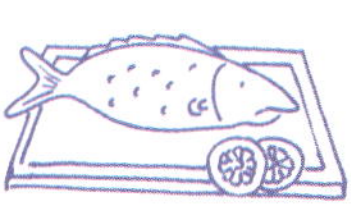

alfredissimo! Kochen mit BIO

Einkaufsliste

Thunfisch mit Lorbeer

- ○ Thunfisch
- ○ Zitronensaft
- ○ Salz, Pfeffer
- ○ Olivenöl
- ○ Lorbeerblätter
- ○ Butter

Was noch:

- ○ ______________________
- ○ ______________________
- ○ ______________________
- ○ ______________________
- ○ ______________________
- ○ ______________________
- ○ ______________________
- ○ ______________________
- ○ ______________________
- ○ ______________________

Gegrillter Schwertfisch – griechisch

Pro Person:

- 1 große oder 2 kleine Schwertfischscheiben, ca. 2 cm dick
- 2 EL Olivenöl
- Salz, Pfeffer
- 2 EL Zitronensaft

Die Schwertfischscheiben mit wenig Olivenöl bestreichen und in mittelheißer Grillpfanne, über Holzkohle oder in einer Pfanne von beiden Seiten wie ein Schnitzel sehr kurz, etwa 3 Minuten pro Seite, braten. Der Fisch soll leicht gebräunt sein, darf aber nicht austrocknen.

Etwas trocken ist Schwertfisch immer. Deshalb serviert man ihn in Griechenland so: Nach dem Grillen salzen, leicht pfeffern und mit einer Mischung aus gleichen Teilen Olivenöl und Zitronensaft übergießen. Dann schmeckt er sehr herzhaft, fast wie Fleisch. Dazu passen Spinat und Kartoffeln, zum Beispiel unsere Rosmarinkartoffeln.

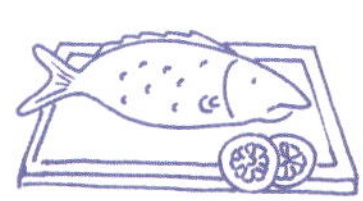

Einkaufsliste

Gegrillter Schwertfisch – griechisch

- ○ Schwertfisch
- ○ Olivenöl
- ○ Salz, Pfeffer
- ○ Zitronensaft

Was noch:

- ○ ____________________
- ○ ____________________
- ○ ____________________
- ○ ____________________
- ○ ____________________
- ○ ____________________
- ○ ____________________
- ○ ____________________
- ○ ____________________
- ○ ____________________

Fisch im Wirsingblatt

- *500 g Fischfilet, z. B. Rotbarsch oder feiner: Steinbutt*
- *4-6 EL Sojasauce*
- *4 EL Sherry, trocken*
- *1 Msp. Cayennepfeffer*
- *1 EL gehackte Petersilie*
- *Salz*
- *1 Stange Lauch*
- *1 schöner, großer Wirsing*
- *50 g Butter*
- *1/4 l Fischfond (aus dem Glas)*
- *weißer Pfeffer*

Das Fischfilet in 2-3 cm große Würfel schneiden und in einer Schüssel mit Sojasauce, Sherry, Cayennepfeffer und fein gehackter Petersilie vermischen. In einem großen Topf reichlich Wasser zum Kochen bringen und dann leicht salzen.

Von der Lauchstange 2-3 lange Blätter ablösen und waschen. Vom Wirsing das äußere Grobe entfernen, dann vorsichtig 8 schöne Blätter abschneiden und waschen.

Die Lauch- und Kohlblätter 3-4 Minuten in das kochende Wasser geben (blanchieren), herausnehmen und sofort in kaltem Wasser abschrecken. Lauchblätter der Länge nach in 6-8 mm breite Streifen teilen, von den Wirsingblättern vorsichtig, ohne sie zu verletzen, die dicke Mittelrippe flach schneiden.

Auf je ein Kohlblatt ein Achtel der Fischwürfel setzen, ein längliches Päckchen formen und mit einem Lauchstreifen verschnüren.

Die Butter in einer großen Pfanne (mit passendem Deckel) heiß werden lassen und die Fisch-Kohlpäckchen auf beiden Seiten leicht Farbe annehmen lassen. Den Fischfond dazugießen, mit etwas Salz und Pfeffer würzen und mit aufgelegtem Deckel 18-20 Minuten bei mittlerer Hitze garen.

In tiefe Teller verteilen und die Päckchen mit der Sauce übergießen, gleich servieren.

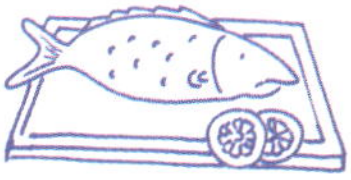

alfredissimo! Kochen mit BIO

Einkaufsliste

Fisch im Wirsingblatt

- ○ Fischfilet
- ○ Sojasauce
- ○ Sherry
- ○ Cayennepfeffer
- ○ Petersilie
- ○ Salz
- ○ Lauch
- ○ Wirsing
- ○ Butter
- ○ Fischfond
- ○ Pfeffer

Was noch:

- ○ ____________________
- ○ ____________________
- ○ ____________________
- ○ ____________________
- ○ ____________________
- ○ ____________________
- ○ ____________________
- ○ ____________________
- ○ ____________________
- ○ ____________________

Feines Fischragout

- 2 kleinere Möhren
- 1 Stange Lauch, klein
- 2 Stängel Bleichsellerie
- 75 g Butter
- 1 Glas Fischfond, 400 ml
- 4-6 Fäden Safran
- 400 g Lachsfilet
- 400 g Seeteufel-Filet (Lotte) oder ein anderes festfleischiges weißes Filet
- 8 Hummerkrabbenschwänze (Riesengarnelen)
- Salz, weißer Pfeffer
- 1 Becher Sahne (200 g)
- 1 Msp. Cayennepfeffer

Möhren, Lauch und Bleichsellerie putzen und waschen, die Möhre schälen, alles in sehr kleine Würfel schneiden.

In einem flachen Topf die Hälfte der Butter erhitzen und die Gemüsewürfel darin leicht anrösten. Den Fischfond und Safranfäden dazugeben, ohne Deckel 20 Minuten leise köcheln lassen. Während dieser Zeit die Fischfilets in 3 cm große Würfel schneiden, die Hummerkrabbenschwänze von der Bauchseite her aus der Schale brechen, am Rücken vorsichtig aufschneiden und den dunkleren Darm entfernen, kurz unter fließendem Wasser waschen. Die Fischstücke salzen, pfeffern und in einer Pfanne mit der restlichen Butter kurz angaren, die Hummerkrabben rötlich werden lassen, die Pfanne zur Seite stellen.

Die Sahne zum eingekochten Fisch-Gemüsefond gießen und unter häufigem Rühren noch etwa 15 Minuten weiter einkochen lassen, bis die Sauce sämig ist.

Hummerkrabben in 2-3 cm große Stücke teilen. Die eingekochte Sauce mit Salz, Cayenne- und weißem Pfeffer abschmecken und die Fisch- und Hummerkrabbenstücke vorsichtig unterheben, kurz heiß werden lassen, die Sauce darf aber dabei nicht mehr kochen.

Dazu passen Basmatireis oder Tagliatelle und als Gemüsebeilage Blattspinat.

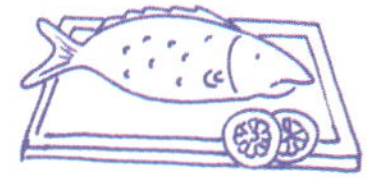

alfredissimo! Kochen mit BIO

Einkaufsliste

Feines Fischragout

- ○ Möhren
- ○ Lauch
- ○ Bleichsellerie
- ○ Butter
- ○ Fischfond
- ○ Safran
- ○ Lachsfilet
- ○ Seeteufel-Filet
- ○ Hummerkrabbenschwänze
- ○ Salz, Pfeffer
- ○ Sahne
- ○ Cayennepfeffer

Was noch:

- ○ ______________________
- ○ ______________________
- ○ ______________________
- ○ ______________________
- ○ ______________________
- ○ ______________________
- ○ ______________________
- ○ ______________________
- ○ ______________________
- ○ ______________________

Schellfisch mit Senfbutter

- 2 küchenfertige Schellfische à ca. 500 g (Angelschellfisch)
- 2 Bund Suppengemüse
- 1 Zwiebel
- 2 Gewürznelken
- 1 Lorbeerblatt
- Salz
- 125 g Butter
- 1 EL Dijonsenf
- 1 EL grober Rotisseursenf
- weißer Pfeffer

Die Fische kann am besten der Händler küchenfertig vorbereiten, also schuppen, ausnehmen und die Flossen entfernen lassen. Das Suppengemüse waschen und putzen, die Zwiebel pellen und mit den Nelken spicken.

In einem großen Topf einen Sud aus Wasser mit den Gemüsen, der Zwiebel und dem Lorbeerblatt 30 Minuten kochen, mit Salz würzen.

Die Fische hineinlegen und, ohne dass der Sud kocht, langsam in etwa 15 Minuten gar ziehen lassen.
In einem Töpchen die Butter schmelzen lassen und die beiden Senfsorten unterrühren, nach Bedarf leicht salzen und pfeffern. Die Fische filetieren und auf vorgewärmten Tellern mit der Senfbutter anrichten.

Dazu passen kleine Pellkartoffeln und ein grüner Salat mit Kräutern.

alfredissimo! Kochen mit BiO

Einkaufsliste

Schellfisch mit Senfbutter

- ○ Schellfische
- ○ Suppengemüse
- ○ Zwiebel
- ○ Gewürznelken
- ○ Lorbeerblatt
- ○ Salz
- ○ Butter
- ○ Dijonsenf
- ○ Rotisseursenf
- ○ Pfeffer

Was noch:

- ○ ______________________
- ○ ______________________
- ○ ______________________
- ○ ______________________
- ○ ______________________
- ○ ______________________
- ○ ______________________
- ○ ______________________
- ○ ______________________
- ○ ______________________

Schellfisch mit Estragonsauce

- 4 etwa gleich große Scheiben Schellfisch, 3 cm dick
- Salz, Pfeffer aus der Mühle
- 50 g Butter
- 3-4 Zweige frischer Estragon
- 1/2 Becher Sahne (100 g)
- etwas abgeriebene Zitronenschale

Den Backofen auf 200 °C vorheizen. Die Fischscheiben mit Küchenkrepp trocknen, auf beiden Seiten salzen und pfeffern. Eine feuerfeste Form, in der die Fischscheiben nebeneinander gerade Platz haben, mit der Hälfte der Butter ausstreichen.

Die Fischscheiben in die Form legen. Den Estragon waschen und trockentupfen, etwa 2 TL Estragonblättchen abzupfen und über den Fisch streuen. Die restliche Butter in kleinen Flöckchen auf dem Fisch verteilen.

Die Sahne mit etwas geriebener Zitronenschale verrühren und zwischen die Fischscheiben gießen. Die Form in den Ofen stellen und den Fisch 20 Minuten garen, bis das Fischfleisch fest ist.

Die übrigen Estragonblättchen fein hacken. Die Fischscheiben aus der Form auf einen Teller heben und im abgeschalteten Ofen bei geöffneter Ofentür warm stellen. Die Sauce in der Form mit einem Schneebesen glatt rühren und 1 bis 2 TL Estragon zugeben, mit Salz und Pfeffer abschmecken. Die Sauce über die Fischscheiben gießen und sofort servieren.

Einkaufsliste

Schellfisch mit Estragonsauce

- Schellfisch
- Salz, Pfeffer
- Butter
- Estragon
- Sahne
- Zitrone

Was noch:

- ___
- ___
- ___
- ___
- ___
- ___
- ___
- ___
- ___
- ___

Steinbeißer im Folienpäckchen

- *4 große Scheiben Steinbeißer (Seewolf – nicht mit dem Wolfsbarsch, dem „Loup de mer" verwechseln), je ca. 3 cm dick*
- *2 Möhren*
- *1 Stange Lauch (Porree)*
- *1 Bund Basilikum*
- *Butter*
- *Salz, Pfeffer*
- *1 Zitrone*

Das Fleisch des Seewolfs ist besonders schmackhaft, daher gefragt und nicht billig. Er kommt im Ganzen, aber ohne Kopf, als Filet oder in Scheiben in den Handel (auch als „Karbonadenfisch" bezeichnet). Am besten schmeckt er kurz gegart und mit einer leichten Sauce serviert.

Die Fischscheiben kurz kalt abwaschen und mit Küchenkrepp trockentupfen. Möhren schälen und in streichholzfeine Streifen (Julienne) schneiden.

Den Lauch längs aufschlitzen, unter fließendem Wasser gründlich waschen, bis die letzten Sandreste entfernt sind. Ebenfalls in sehr dünne Streifen schneiden. Das Basilikum grob hacken.

Den Backofen auf 220 °C vorheizen. Aus starker Alufolie 4 entsprechend große Quadrate schneiden, mit etwas Butter bestreichen und die Fischscheiben darauf legen. Mit Salz und Pfeffer würzen und die Gemüsestreifen darüber verteilen. Basilikum darauf streuen und mit Zitronensaft beträufeln. Ein paar Butterflöckchen obenauf geben und die Folie gut verschließen.

Die Folienpakete auf ein Backblech legen und im heißen Ofen 20-25 Minuten garen.

Die Päckchen auf Tellern servieren, jeder öffnet seine Folie selbst. Dazu könnte man eine schnelle Sauce hollandaise (zum Anrühren aus dem Päckchen) und Petersilienkartoffeln servieren.

Einkaufsliste

Steinbeißer im Folienpäckchen

- ○ Steinbeißer
- ○ Möhren
- ○ Lauch
- ○ Basilikum
- ○ Butter
- ○ Salz, Pfeffer
- ○ Zitrone

Was noch:

- ○ ______________________
- ○ ______________________
- ○ ______________________
- ○ ______________________
- ○ ______________________
- ○ ______________________
- ○ ______________________
- ○ ______________________
- ○ ______________________
- ○ ______________________

Forelle in Rotweingelee

- 4 möglichst frisch geschlachtete Bachforellen
- 1 Zitrone, Salz, Pfeffer
- Mehl zum Wenden
- Butter zum Braten
- ca. 50 g Mandelblättchen
- 1 Tasse trockener Rotwein
- 2 EL Maisstärke (Speisestärke)
- 4 EL fein gehackte Petersilie

Für diese einfache kalte Vorspeise wird der Fisch einmal nicht mit Weiß-, sondern mit Rotwein zubereitet. Die Forellen, sie sollen so etwa 25 cm lang sein, innen und außen kalt waschen, mit Küchenkrepp trocknen und mit Zitronensaft beträufeln, mit Salz und Pfeffer würzen. Auf einen flachen Teller eine Schicht Mehl streuen und die Forellen in dem Mehl wenden, überschüssiges abklopfen.

In einer schweren Pfanne ein gutes Stück Butter (etwa 3 EL) erhitzen und die Fische auf beiden Seiten in ca. 5 Minuten schön braun braten.

Inzwischen den Ofen auf 75 °C vorheizen, eine hitzefeste Platte (am besten wäre eine passende, flache Gratinierform, in der das Gericht auch serviert wird) anwärmen.

Nebenbei in einer kleinen Pfanne die Mandeln in wenig Butter anbräunen, ab und zu rühren, damit sie gleichmäßig rösten. Wenn die Forellen gebraten sind, auf der Platte im Ofen warm stellen.

Den Bratfond der Fischbratpfanne (die Butter bleibt darin) mit dem Rotwein ablöschen – aufpassen, es spritzt – und auf ein Drittel der Menge einkochen lassen. Die Maisstärke mit 1 EL kaltem Wasser anrühren, in die Pfanne gießen und unter heftigem Rühren einmal aufkochen lassen, bis die Sauce angedickt ist. Mit Salz und Pfeffer nachwürzen.

Die Forellen aus dem Ofen nehmen, den Ofengrill anheizen. Das Rotweingelee über die Forellen verteilen. Die Forellen mit Mandelblättchen bestreuen und ganz kurz (ca. 1 Minute) unter den Grill schieben, damit das Gelee noch etwas nachdickt.

So 3 oder 4 Stunden kalt stellen. Mit der gehackten Petersilie bestreut servieren.

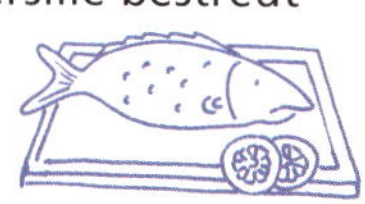

Einkaufsliste

Forelle in Rotweingelee

- ○ Bachforellen
- ○ Zitrone, Salz, Pfeffer
- ○ Mehl
- ○ Butter
- ○ Mandelblättchen
- ○ Rotwein
- ○ Maisstärke
- ○ Petersilie

Was noch:

- ○ ______________________
- ○ ______________________
- ○ ______________________
- ○ ______________________
- ○ ______________________
- ○ ______________________
- ○ ______________________
- ○ ______________________
- ○ ______________________
- ○ ______________________

Thailändischer Fisch

Für 2 Personen:

- *1 frischer, ganzer Meeresfisch von 400-500 g, zum Beispiel Dorade (Goldbrasse) oder Barsch, aber kein Plattfisch*
- *6 Knoblauchzehen*
- *getrocknete Chilischoten oder Chilipulver*
- *schwarzer Pfeffer*
- *Salz*
- *1 Bund Basilikum*
- *100 g Butter*

Den Fisch waschen und mit Küchenkrepp trocknen. 4 von den Knoblauchzehen halbieren oder vierteln (je nach Größe), die Chilischoten mahlen oder klein hacken. Den Fisch mit Pfeffer, Salz und den gemahlenen Chilischoten einreiben. In regelmäßigen Abständen rundherum mit einem scharfen Messer etwa 1 cm lange und tiefe Kerben in den Fisch schneiden. Auf beiden Seiten den Fisch in den Kerben mit den Knoblauchzehen spicken.

Den Backofen auf 210 °C (Umluft 190 °C) vorheizen. Das Basilikum, die Chilischoten und die beiden restlichen Knoblauchzehen grob hacken. Den Fisch von innen pfeffern und salzen und mit der Kräuter-Gewürz-Mischung und einigen Butterflocken füllen.

Den Fisch in eine Auflaufform legen und mit den restlichen Butterflocken belegen. Im heißen Ofen etwa 40 Minuten garen, davon die ersten 20 Minuten bedeckt und die restliche Zeit unbedeckt.

Dazu passen Basmati- oder Naturreis und Salat.

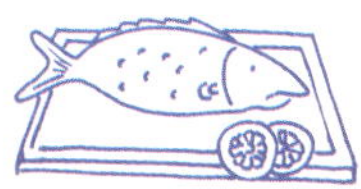

Einkaufsliste

Thailändischer Fisch

- ○ Meeresfisch
- ○ Knoblauch
- ○ Chilischoten
- ○ Pfeffer
- ○ Salz
- ○ Basilikum
- ○ Butter

Was noch:

- ○ ____________________
- ○ ____________________
- ○ ____________________
- ○ ____________________
- ○ ____________________
- ○ ____________________
- ○ ____________________
- ○ ____________________
- ○ ____________________
- ○ ____________________

Fisch im eigenen Saft

- 4 Fischfilets, z. B. Rotbarsch, zu je 150-200 g
- Saft von 1/2 Zitrone
- Salz, Pfeffer
- 1 Stange Lauch
- 2 Möhren
- 1 Stückchen Sellerieknolle zu etwa 75 g
- 1 Bund Petersilie
- 3-4 Tomaten
- 75 g Butter
- Salz, Pfeffer

Fischfilet mit Küchenkrepp trocknen, mit etwas Zitronensaft beträufeln, salzen und pfeffern. Zur Seite stellen. Lauch, Möhren und Sellerie putzen, waschen, wo nötig schälen, in feine Streifen schneiden. Petersilie waschen, trocknen und fein hacken. Tomaten mit kochendem Wasser überbrühen, häuten und vierteln. Den Boden einer feuerfesten Glasform (mit Deckel) mit einem Drittel der Butter dick ausstreichen, die Gemüsestreifen und die Tomaten darüber verteilen, den gewürzten Fisch darauf legen. Die restliche Butter in Spänen auf den Fischfilets verteilen, mit viel gehackter Petersilie bestreuen, den Deckel drauflegen. Bei kleiner Hitze langsam erhitzen, der Fisch benötigt etwa die gleiche Zeit zum Garen wir kleine Kartoffeln, die sehr gut dazu schmecken, also 20-25 Minuten.

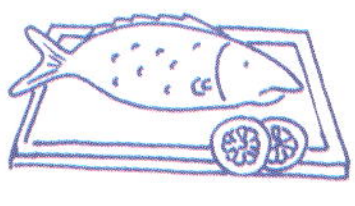

Einkaufsliste

Fisch im eigenen Saft

- ○ Fischfilet
- ○ Zitrone
- ○ Salz, Pfeffer
- ○ Lauch
- ○ Möhren
- ○ Sellerieknolle
- ○ Petersilie
- ○ Tomaten
- ○ Butter

Was noch:

- ○ ____________________
- ○ ____________________
- ○ ____________________
- ○ ____________________
- ○ ____________________
- ○ ____________________
- ○ ____________________
- ○ ____________________
- ○ ____________________
- ○ ____________________

Gefilter Fisch („Express-Variante")

- 2 kg Fischfilet (z. B. Rotbarsch, Kabeljau)
- 3 große Zwiebeln
- 250 g Semmelbrösel oder 1 Paket Mazze oder 1 Paket Zwieback
- 3 Eier
- Salz, Pfeffer
- 1 TL Zucker

Für die Sauce:

- 3 große Zwiebeln
- 500 g Möhren
- Salz, Pfeffer, Zucker
- 1 Päckchen Gelierpulver oder Pektin

Für dieses jüdische Sabbatgericht das Fischfilet waschen, trockentupfen und durch den Fleischwolf drehen. 3 Zwiebeln pellen und ebenfalls durch den Fleischwolf drehen oder fein würfeln.

Aus Fisch, Zwiebeln, Mazzemehl oder Semmelbröseln (oder zerbröseltem Zwieback) und 3 verquirlten Eiern eine Masse kneten. Mit Salz, Pfeffer und 1 TL Zucker abschmecken. Daraus Kugeln von etwa 4 cm Durchmesser formen.

Für die Sauce die Zwiebeln pellen und sehr fein würfeln (oder durch den Fleischwolf drehen). Die Möhren schälen, waschen und in dünne Scheiben schneiden. Mit den Zwiebeln in einen großen flachen Topf geben und mit Salz, Pfeffer und Zucker würzen. Wasser dazugießen (es soll etwa 3 cm über dem Gemüse stehen), die Fischkugeln nebeneinander darauf legen und etwa 2 Stunden zugedeckt bei ganz schwacher Hitze köcheln lassen. Zwischendurch bei Bedarf etwas Wasser dazugießen.

Die Fischkugeln und die Möhren herausnehmen und auf einer Platte anordnen.

Die Sauce durch ein Sieb streichen, mit Geliermittel oder Pektin nochmals aufkochen (es gibt auch vorbereitetes Geliermittel, das nur in die lauwarme Sauce gerührt werden muss) und über die Fischkugeln verteilen. Abkühlen lassen.

Dann in den Kühlschrank stellen und kühlen, auch sehr kalt servieren.

Einkaufsliste

Gefilter Fisch („Express-Variante")

- O Fischfilet
- O Zwiebeln
- O Semmelbrösel
- O Eier
- O Salz, Pfeffer
- O Zucker
- O Möhren
- O Gelierpulver

Was noch:

- O ______________________
- O ______________________
- O ______________________
- O ______________________
- O ______________________
- O ______________________
- O ______________________
- O ______________________
- O ______________________
- O ______________________

Zanderfilet auf Chicorée

- 4 Chicoréestauden
- 400 g Zanderfilet
- 2 EL Pflanzenöl
- 150 ml Gemüsebrühe oder Weißwein
- etwas Mehl oder Puderzucker
- Salz, Pfeffer aus der Mühle
- 2-3 EL Butter
- Mehl zum Wenden

Die Chicoréestauden waschen, längs halbieren und den Strunk mit einem spitzen Messer keilförmig herausschneiden.

Die Zanderfilets in portionsgroße Stücke zerteilen, mit Küchenkrepp trocknen.

In einem Bräter das Öl erhitzen und die Chicoréehälften mit den Schnittflächen nach unten kräftig anbraten, der Chicorée soll dabei ruhig etwas braun werden. Dann die Hälften wenden und auf der anderen Seite kurz anbraten. Die Brühe (den Wein – oder eine Mischung aus beidem) angießen. Den Chicorée mit etwas Mehl oder Puderzucker bestäuben, salzen und pfeffern. Zugedeckt fertig garen (das dauert etwa 20 Minuten), dabei nach Bedarf noch etwas Wasser oder Brühe nachgießen.

Währenddessen in einer Pfanne die Butter auf nicht zu starker Stufe erhitzen und aufschäumen lassen. Die Zanderfilets salzen und pfeffern, in Mehl wenden und leicht klopfen, um überschüssiges Mehl zu entfernen. In der heißen Butter auf beiden Seiten schnell braten. Falls Sie Filets mit Haut braten: Zuerst die Fleischseite braten, dann die Filets vorsichtig wenden und die Hautseite knusprig braten.

Den geschmorten Chicorée auf Teller verteilen und mit Sud übergießen, die gebratenen Zanderfilets darauf anrichten und servieren.

alfredissimo!
Kochen mit BIO

Einkaufsliste

Zanderfilet auf Chicorée

- ○ Chicorée
- ○ Zanderfilet
- ○ Pflanzenöl
- ○ Gemüsebrühe
- ○ Mehl
- ○ Salz, Pfeffer
- ○ Butter

Was noch:

- ○ ______________________
- ○ ______________________
- ○ ______________________
- ○ ______________________
- ○ ______________________
- ○ ______________________
- ○ ______________________
- ○ ______________________
- ○ ______________________
- ○ ______________________

Kabeljaufilet im Senf-Ei-Mantel

- *500 g Kabeljau- oder anderes Fischfilet*
- *Salz, weißer Pfeffer aus der Mühle*
- *Zitronensaft*
- *2 TL Senfpulver*
- *2 Eier*
- *2 EL Milch*
- *1 EL Sahne*
- *2-3 EL Mehl*
- *Butterschmalz zum Braten*
- *Mehl zum Wenden*

Die Fischfilets mit Küchenkrepp trocknen, salzen und pfeffern, mit Zitronensaft beträufeln. Beiseite stellen.

Das Senfpulver mit den Eiern, Milch, Sahne, Mehl, Salz und Pfeffer im Mixer oder in einer Rührschüssel mit dem Schneebesen zu einem glatten Teig vermischen, etwas quellen lassen.

In einer Pfanne nicht zu wenig Butterschmalz erhitzen. Die Fischfilets in Mehl wenden, dann durch den Teig ziehen und im heißen Schmalz auf beiden Seiten schön knusprig braten.

Einkaufsliste

Kabeljaufilet im Senf-Ei-Mantel

- O Kabeljaufilet
- O Salz, Pfeffer
- O Zitronensaft
- O Senfpulver
- O Eier
- O Milch
- O Sahne
- O Mehl
- O Butterschmalz

Was noch:

- O ____________________
- O ____________________
- O ____________________
- O ____________________
- O ____________________
- O ____________________
- O ____________________
- O ____________________
- O ____________________
- O ____________________

Seeteufel mit Spinat im Netz

- 4 Stücke Schweinenetz ohne dicke Fettadern, jeweils extra 10 x 10 cm groß
- 250 g Spinat, Salz
- 2 Tomaten
- 2-3 Schalotten
- 65 g Butter
- 1 kleiner Zweig Estragon
- 400 g Seeteufelfilet ohne Haut und Gräte (möglichst in einem gleichmäßigen Stück)
- etwas Zitronensaft
- 2 EL Crème fraîche
- weißer Pfeffer, Cayennepfeffer
- 1/2 Glas Weißwein

Das Schweinenetz vorsichtig mehrmals waschen, unter 3- bis 4-maligem Wasserwechsel einen Tag wässern.

Zur Zubereitung den Spinat verlesen und gründlich waschen, kurz in Salzwasser überbrühen, abgießen und kalt abschrecken. Gut ausdrücken und grob hacken. Die Tomaten überbrühen, häuten und entkernen. Das Fruchtfleisch grob würfeln.
Die Schalotten schälen und sehr fein hacken. 50 g Butter in Stücke teilen und sehr kalt stellen. Estragon waschen, die Blättchen fein hacken.

Den Backofen auf 220 °C vorheizen. Die Schweinenetze auf einem etwas angefeuchteten Brett auslegen. Fischfilet in 4 gleich große Scheiben schneiden und mit etwas Zitronensaft beträufeln.
Den Spinat mit den Tomatenstücken und Crème fraîche vermischen, mit Salz, Pfeffer und einer Prise Cayennepfeffer würzen. Jeweils eine Fischscheibe leicht salzen und mittig auf ein Stück Schweinenetz legen. 1/4 der Spinatmischung darauf setzen und das Netz darüber falten. In einer ofenfesten Pfanne 15 g Butter zerlassen. Die Fischpäckchen hineinsetzen und im heißen Ofen etwa 20 Minuten garen.

Für die Sauce die Schalotten mit Wein dünsten, bis die Flüssigkeit fast verdampft ist. Den Topf vom Herd nehmen und die kalten Butterstücke mit dem Schneebesen unterschlagen. Mit Salz, Pfeffer und Cayennepfeffer würzen, mit Estragon bestreuen.

Die gegarten Fischpäckchen eventuell unterm Grill leicht anbräunen, auf Tellern anrichten und mit der Sauce umgießen.

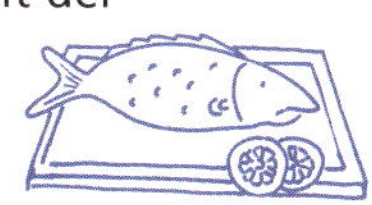

Einkaufsliste

Seeteufel mit Spinat im Netz

- ○ Schweinenetze
- ○ Spinat, Salz
- ○ Tomaten
- ○ Schalotten
- ○ Butter
- ○ Estragon
- ○ Seeteufelfilet
- ○ Zitronensaft
- ○ Crème fraîche
- ○ Pfeffer, Cayennepfeffer
- ○ Weißwein

Was noch:

- ○ ____________________
- ○ ____________________
- ○ ____________________
- ○ ____________________
- ○ ____________________
- ○ ____________________
- ○ ____________________
- ○ ____________________
- ○ ____________________
- ○ ____________________

Rotbarben aus dem Backofen

- 4 große Rotbarben, etwa 20 cm lang (oder 8 kleine)
- 2 Knoblauchzehen
- 1 Bund frischer Rosmarin
- 6-7 EL Olivenöl
- getrockneter Oregano
- Salz, Pfeffer aus der Mühle
- Zitronenachtel zum Garnieren

Den Backofen auf 180 °C vorheizen. Die geschuppten Rotbarben innen und außen gründlich waschen und mit Küchenkrepp trocknen. Die Flossen abschneiden.

Die Knoblauchzehen pellen und fein hacken. Den Rosmarin waschen und trocknen.

In einem ofenfesten länglichen Bräter Olivenöl erhitzen und den Knoblauch darin glasig werden lassen. 2 gute Prisen Oregano dazugeben.

Die Fische innen und außen leicht salzen und pfeffern. Pro Fisch einen kleinen Rosmarinzweig durch das heiße Knoblauchöl ziehen und in die Bauchhöhle stopfen.

Die Fische in die Form legen, das würzige Öl darüber löffeln und den Bräter in den Ofen schieben. Die Fische 25 bis 30 Minuten garen, dabei öfter mit dem Würzöl bestreichen. Mit Zitronenachteln garnieren und sehr heiß servieren.

alfredissimo! Kochen mit BiO

Einkaufsliste

Rotbarben aus dem Backofen

- ○ Rotbarben
- ○ Knoblauch
- ○ Rosmarin
- ○ Olivenöl
- ○ Oregano
- ○ Salz, Pfeffer
- ○ Zitronen

Was noch:

- ○ ____________________
- ○ ____________________
- ○ ____________________
- ○ ____________________
- ○ ____________________
- ○ ____________________
- ○ ____________________
- ○ ____________________
- ○ ____________________
- ○ ____________________

Fisch mit Knoblauch-Petersilien-Butter und Tomatensauce

- 500 g Zanderfilet, möglichst gleichmäßig dicke Stücke
- 1 Bund glatte Petersilie
- 100 g Butter
- 5-6 große Knoblauchzehen
- 2-3 Fleischtomaten
- 2-3 Schalotten
- 2 EL Olivenöl
- 1 Zweig frischer Rosmarin
- Salz, weißer Pfeffer aus der Mühle, Cayennepfeffer

Das Fischfilet in etwa 100 g-Portionen teilen, mit Küchenkrepp gut trocknen. Bis zur Verwendung kühl stellen.

Die Petersilie waschen, trocknen und sehr fein hacken. Die Butter zimmerwarm werden lassen.

Die Knoblauchzehen ungeschält mit Wasser bedecken und 6 bis 7 Minuten kochen. Die Knoblauchzehen aus dem Wasser nehmen und pellen. Die Zehen in frisches Wasser geben und weiterkochen, bis die Zehen ganz weich sind, dabei mehrmals das Wasser wechseln.

Die weichen Knoblauchzehen mit einer Gabel zerdrücken und mit der Butter und der Petersilie zu einer Paste vermischen.

Für die Tomatensauce die Tomaten kurz überbrühen, häuten und in kleine Würfel schneiden. Die Schalotten pellen und fein hacken. In einem Topf das Olivenöl erhitzen und die Schalotten andünsten. Die Tomatenwürfel und den Rosmarinzweig zugeben und die Sauce leise einkochen lassen.

Die Zanderfilets leicht salzen und pfeffern, auf beiden Seiten mit der Buttermischung bestreichen.

Eine Pfanne erhitzen. Die gebutterten Filets in der Pfanne auf jeder Seite etwa 2 Minuten braten.

Die Tomatensauce mit Salz und Cayennepfeffer abschmecken und zu den Zanderfilets servieren.

Einkaufsliste

Fisch mit Knoblauch-Petersilien-Butter und Tomatensauce

- ○ Zanderfilet
- ○ Petersilie
- ○ Butter
- ○ Knoblauch
- ○ Fleischtomaten
- ○ Schalotten
- ○ Olivenöl
- ○ Rosmarin
- ○ Salz, Pfeffer, Cayennepfeffer

Was noch:

- ○ ____________________
- ○ ____________________
- ○ ____________________
- ○ ____________________
- ○ ____________________
- ○ ____________________
- ○ ____________________
- ○ ____________________
- ○ ____________________
- ○ ____________________

Seeteufel mit Frühlingszwiebeln

- *600 g Seeteufelfilet (Lotte) ohne Haut und Gräte*
- *10 Frühlingszwiebeln (Lauchzwiebeln)*
- *1/2 Bund glatte Petersilie*
- *1 EL Olivenöl*
- *25 g Butter*
- *1/8 l Vermouth (z. B. französischer Noilly Prat)*
- *10 Safranfäden*
- *Salz, Cayennepfeffer*

Das Fischfilet mit Küchenkrepp trocknen und eventuell vorhandene Häutchen entfernen. Das Filet in 2,5 cm dicke Medaillons schneiden. Die Lauchzwiebeln waschen, putzen, den weißen bis hellgrünen Teil in dünne Scheiben schneiden. Die Petersilie waschen, trocknen und fein hacken.

In einer Pfanne das Öl erhitzen, dann die Butter zugeben und aufschäumen lassen. Die Fischscheiben ganz kurz darin anbraten, wieder herausheben. Die Frühlingszwiebelscheiben in der Pfanne kurz andünsten, dann den Vermouth angießen und die Safranfäden unterrühren. Die Mischung bei starker Hitze auf etwa 1/3 der Menge einkochen. Mit Salz und Cayennepfeffer abschmecken.

Die Seeteufelstücke und die gehackte Petersilie in die Pfanne geben und in der Sauce 3 bis 5 Minuten fertig garen. Mit der Sauce auf Teller verteilen und servieren.

Einkaufsliste

Seeteufel mit Frühlingszwiebeln

- ○ Seeteufelfilet
- ○ Frühlingszwiebeln
- ○ Petersilie
- ○ Olivenöl
- ○ Butter
- ○ Vermouth
- ○ Safran
- ○ Salz, Cayennepfeffer

Was noch:

- ○ ______________________
- ○ ______________________
- ○ ______________________
- ○ ______________________
- ○ ______________________
- ○ ______________________
- ○ ______________________
- ○ ______________________
- ○ ______________________
- ○ ______________________

Gedämpfter Heilbutt

mit Brunnenkresse

Für 2 Personen:

- *2 etwa 1 cm dicke Scheiben vom weißen Heilbutt*
- *1 Bund Brunnenkresse*
- *2 Frühlingszwiebeln (Lauchzwiebeln)*
- *1 kleine mittelscharfe rote Peperoni (Chilischote)*
- *1 unbehandelte Limette*
- *Vermouth*
- *Salz, Pfeffer aus der Mühle*

Die Fischscheiben mit Küchenkrepp trocknen, beiseite stellen. Die Brunnenkresse verlesen, dicke Stiele entfernen. Blätter waschen und trocknen. Die Frühlingszwiebeln waschen und putzen, den weißen und hellgrünen Teil schräg in Streifen schneiden. Die Peperoni halbieren, entkernen und in feine Streifen schneiden.

Die Limette heiß waschen, mit dem Zestenreißer dünne Späne von der Schale ziehen. Die Limette in Scheiben schneiden.

Einen Topf (mit Dämpfeinsatz) etwa 2 bis 3 cm hoch mit einer Mischung aus halb Vermouth, halb Wasser füllen. Ein paar Limettenscheiben und 1 TL Salz zugeben, zugedeckt aufkochen.

Die Brunnenkresse auf dem Dämpfeinsatz verteilen. Die Fischscheiben großzügig salzen und pfeffern und auf die Kresse legen. Limettenspäne, Frühlingszwiebel- und die Peperonistreifen darüber streuen. Den Einsatz in den Topf heben und sofort den Deckel auflegen. Den Fisch 10 bis 12 Minuten dämpfen (dickere Fischscheiben brauchen länger!), dabei den Deckel nicht abheben.

Nach dem Dämpfen den Fisch samt der Brunnenkresse mit einem Schaumlöffel auf vorgewärmte Teller heben und servieren.

alfredissimo!
Kochen mit BiO

Einkaufsliste

Gedämpfter Heilbutt mit Brunnenkresse

- O Heilbutt
- O Brunnenkresse
- O Frühlingszwiebeln
- O rote Peperoni
- O Limette
- O Vermouth
- O Salz, Pfeffer

Was noch:

- O ______________________
- O ______________________
- O ______________________
- O ______________________
- O ______________________
- O ______________________
- O ______________________
- O ______________________
- O ______________________
- O ______________________

Fisch mit Speck aus dem Ofen

- 1 kg Kabeljau (Mittelstück, etwa gleich dick)
- etwas Zitronensaft
- 1 Bund Petersilie
- 3 große fest kochende Kartoffeln
- 3 mittelgroße Zwiebeln
- 50 g Butter
- Salz, weißer Pfeffer aus der Mühle
- 125 g durchwachsener Speck (in dünnen Scheiben)
- 1 Glas Riesling (Weißwein)

Den Backofen auf 220 °C vorheizen. Den Fisch waschen und trockentupfen, mit etwas Zitronensaft säuern. Die Petersilie waschen, trocknen und in den Fischbauch legen. Die Kartoffeln und die Zwiebeln schälen und mit dem Gurkenhobel in dünne Scheiben hobeln.

Einen Bräter auf dem Herd erhitzen, die Butter darin schmelzen lassen. Die Kartoffel- und Zwiebelscheiben in der Butter wenden, salzen und pfeffern.

Den Fisch salzen und mit dem Rücken nach oben auf das Kartoffel-Zwiebel-Bett setzen. Gleichmäßig mit den Speckscheiben belegen. Die Hälfte des Rieslings angießen und den Bräter in den Ofen schieben. Etwa 30 Minuten garen, dann den restlichen Wein nachgießen und den Fisch – je nach Dicke – noch 15 bis 20 Minuten garen.

Zum Servieren die Speckscheiben und die Fischhaut entfernen. Den Fisch in Stücke zerteilen und mit dem Kartoffel-Zwiebel-Gemüse auf Tellern anrichten.

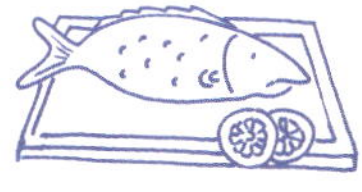

Einkaufsliste

Fisch mit Speck aus dem Ofen

- Kabeljau
- Zitronensaft
- Petersilie
- Kartoffeln
- Zwiebeln
- Butter
- Salz, Pfeffer
- durchwachsener Speck
- Riesling

Was noch:

Tintenfische mit getrockneten Tomaten

Für 2 Personen:

- *400 g Tintenfisch*
- *80 g getrocknete Tomaten*
- *1 Bund Petersilie*
- *nach Belieben: 1-2 Knoblauchzehen*
- *4 EL Olivenöl*
- *5 EL trockener Vermouth (Noilly Prat)*
- *Salz, schwarzer Pfeffer*

Die Tintenfische waschen, die Köpfe abziehen. Die Körper innen säubern und in 2 cm breite Streifen schneiden. Die Köpfe halbieren und die schnabelartigen Beißwerkzeuge mit den Fingern herauslösen.

Getrocknete Tomaten mit kochendem Wasser übergießen, etwa 3 Minuten ziehen lassen, dann das Wasser abgießen (entfällt bei in Öl eingelegten getrockneten Tomaten). Die Tomaten in 1 cm breite Streifen schneiden. Die Petersilie waschen, trocknen und fein hacken. Falls Knoblauch gewünscht: pellen und fein hacken.

Das Olivenöl in einer Pfanne sehr heiß werden lassen. Die Tintenfische mit Küchenkrepp sehr gut trocknen und im heißen Öl scharf anbraten. Die Tomatenstreifen dazugeben und unter Rühren weiterbraten (eventuell Knoblauch jetzt unterrühren).

Mit dem Vermouth ablöschen, die gehackte Petersilie unterrühren, mit Salz und viel schwarzem Pfeffer würzen. Sofort servieren.

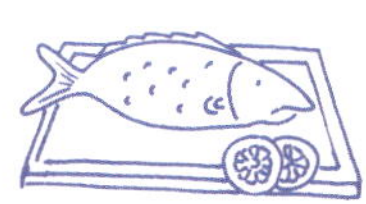

Einkaufsliste

Tintenfische mit getrockneten Tomaten

- ○ Tintenfisch
- ○ getrocknete Tomaten
- ○ Petersilie
- ○ Olivenöl
- ○ Vermouth
- ○ Salz, Pfeffer

Was noch:

- ○ ______________________________
- ○ ______________________________
- ○ ______________________________
- ○ ______________________________
- ○ ______________________________
- ○ ______________________________
- ○ ______________________________
- ○ ______________________________
- ○ ______________________________
- ○ ______________________________

Calamari in Tomatensauce

- *800 g kleine Tintenfische*
- *500 g reife Tomaten (oder 1 Dose geschälte Tomaten)*
- *2 Zwiebeln*
- *2 Knoblauchzehen*
- *50 g schwarze, entsteinte Oliven*
- *1 Bund Petersilie*
- *6 EL Olivenöl*
- *Salz*
- *1/8 l Weißwein*
- *1 Peperoncino (getrocknete Chilischote, ersatzweise Cayennepfeffer)*
- *Pfeffer aus der Mühle*

Die Tintenfische unter fließendem Wasser waschen. Dann die dünne Haut vom tubenförmigen Tintenfischkörper abziehen.

Falls die Tintenfische noch nicht ausgenommen sind, das Innere mit den Fangarmen aus dem Körper herausziehen. Die Innereien abschneiden und wegwerfen. Aus den Köpfen die harten Beißwerkzeuge (auf der Unterseite der Fangarme zu finden) entfernen. Die Körper innen gründlich waschen, das Fischbein entfernen. Körper und Köpfe mit Küchenpapier sorgfältig abtrocknen und in Streifen schneiden.

Frische Tomaten kurz mit kochendem Wasser überbrühen, häuten, die Kerne ausdrücken und das Fruchtfleisch würfeln (die Tomaten aus der Dose nur abtropfen lassen und in grobe Stücke schneiden). Die Zwiebeln und den Knoblauch pellen und fein hacken. Die Oliven in feine Streifen schneiden, die Petersilie waschen, trocknen und die Blättchen fein hacken.

In einem breiten Topf das Olivenöl erhitzen. Die Tintenfischstreifen unter ständigem Umwenden kurz und scharf anbraten. Salzen und die Zwiebeln zugeben, unter Rühren glasig dünsten.

Den gehackten Knoblauch, die Tomatenstücke und den Wein zugeben, den Peperoncino dazubröseln und alles aufkochen lassen. Zugedeckt etwa 15 Minuten bei schwacher Hitze köcheln lassen.

Wenn die Calamari weich sind, die Oliven unterrühren und die Sauce ohne Deckel noch 5 Minuten einkochen lassen. Mit Salz und Pfeffer abschmecken und mit Petersilie bestreut servieren.

Einkaufsliste

Calamari in Tomatensauce

- ○ Tintenfisch
- ○ Tomaten
- ○ Zwiebeln
- ○ Knoblauch
- ○ schwarze Oliven
- ○ Petersilie
- ○ Olivenöl
- ○ Salz
- ○ Weißwein
- ○ Peperoncino
- ○ Pfeffer

Was noch:

- ○ ____________________
- ○ ____________________
- ○ ____________________
- ○ ____________________
- ○ ____________________
- ○ ____________________
- ○ ____________________
- ○ ____________________
- ○ ____________________
- ○ ____________________

Jakobsmuscheln auf Christstollen

- 12 Jakobsmuscheln mit dem roten Corail, frisch ausgelöst
- Liebig's Fleischextrakt
- 2 Becher Crème double (dicke süße Sahne)
- 1 Glas Champagner
- Salz, weißer Pfeffer
- reichlich Zimtpulver
- 3-5 Safranfäden
- 125 g Butter
- 12 Scheiben Christstollen (notfalls Rosinenstollen oder Mandelstollen)
- essbare Blüten zum Garnieren (nicht vom Blumenladen, sondern vom Feinkostgeschäft oder aus dem Garten wie Gänseblümchen, echte Veilchen, Kapuzinerkresse, Heckenrosenblüten, Borretsch oder Malve)

Das Gericht klingt ausgesprochen ausgefallen, schmeckt aber köstlich (nicht nur an Weihnachten).

Die Jakobsmuscheln kurz waschen, mit Küchenkrepp gut trocknen. Bis zum Braten in den Kühlschrank stellen.

Für die Sauce in einem kleinen Topf eine Brühe aus Liebig's Fleischextrakt und etwas Wasser anrühren und ohne Deckel einkochen. Die Sahne zugießen und weiter einkochen.

Champagner zugeben und in 15 bis 20 Minuten zu einer cremigen Sauce einköcheln lassen. Mit Salz, Pfeffer, reichlich Zimtpulver und einigen Fäden Safran abschmecken, nach Belieben zum Schluss nochmals einen Schuss Champagner zugeben.

In einer Pfanne die Butter erhitzen (sie darf nicht zu heiß werden, sonst flockt das Eiweiß aus) und die Jakobsmuscheln mit dem Corail darin auf jeder Seite in 2-3 Minuten gar ziehen lassen, sie sollen nicht richtig braten, sondern nur „pochieren", bei zu großer Hitze werden sie hart.

In der Zwischenzeit die Christstollenscheiben hübsch zuschneiden (zum Beispiel in Herzform), mit je einer Jakobsmuschel und mit etwas Sahne überziehen. Mit essbaren Blüten verziert gleich servieren.

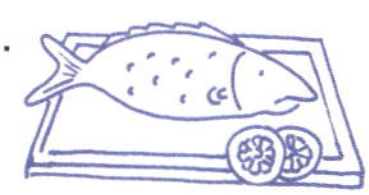

Einkaufsliste

Jakobsmuscheln auf Christstollen

- ○ Jakobsmuscheln
- ○ Fleischextrakt
- ○ Crème double
- ○ Champagner
- ○ Salz, Pfeffer
- ○ Zimtpulver
- ○ Safranfäden
- ○ Butter
- ○ Christstollen
- ○ essbare Blüten

Was noch:

- ○ ______________________
- ○ ______________________
- ○ ______________________
- ○ ______________________
- ○ ______________________
- ○ ______________________
- ○ ______________________
- ○ ______________________
- ○ ______________________
- ○ ______________________

Miesmuscheln

- *2 kg Miesmuscheln*
- *2-3 Zwiebeln*
- *1 Bund Suppengemüse*
- *2 EL Pflanzenöl*
- *1/10 l Weißwein, trocken*
- *1 Lorbeerblatt*
- *Salz, weißer Pfeffer*

Die Muscheln mit einer Bürste sehr gründlich schrubben, die außen hängenden Bärte entfernen. Sollten Muscheln darunter sein, die sich dabei nicht schließen: weg damit!, sie sind verdorben.

Die Zwiebeln pellen und in feine Ringe schneiden, das Suppengemüse putzen und fein schneiden. Im größten Topf Öl erhitzen, Suppengemüse und die Zwiebeln glasig dünsten. Mit Wein ablöschen und die Muscheln mit dem Lorbeerblatt in den Topf geben. Sofort mit dem Deckel verschließen und bei starker Hitze 5-10 Minuten kochen, bis sich alle Muscheln geöffnet haben. Dabei den Topf ab und zu kräftig rütteln. Mit etwas Salz und viel weißem Pfeffer würzen.

Geschlossene Muscheln aussortieren (können verdorben sein). Die geöffneten mit Sud in einer Terrine servieren, dazu gibt's Schwarzbrot oder Pumpernickel und Butter.

alfredissimo! Kochen mit BIO

Einkaufsliste

Miesmuscheln

- ○ Miesmuscheln
- ○ Zwiebeln
- ○ Suppengemüse
- ○ Pflanzenöl
- ○ Weißwein
- ○ Lorbeerblatt
- ○ Salz, Pfeffer

Was noch:

- ○ ____________________
- ○ ____________________
- ○ ____________________
- ○ ____________________
- ○ ____________________
- ○ ____________________
- ○ ____________________
- ○ ____________________
- ○ ____________________
- ○ ____________________

Hummerkrabben in Morchelrahm

- 25 g getrocknete Spitzmorcheln
- 8-12 rohe Hummerkrabben (Riesengarnelen, King Prawns), je nach Größe
- Salz, weißer Pfeffer
- 1 Schalotte
- 100 g Butter
- 1/4 l süße Sahne
- 50 ml (1 Glas) Champagner oder Sekt oder leichter Weißwein
- 1 Knoblauchzehe
- 2 EL gehackte glatte Petersilie (wenn man mag)

Die Morcheln kalt abbrausen und in 1/8 l lauwarmem Wasser 20 Minuten einweichen, dabei ab und zu im Wasser schwenken, damit der Sand ausgespült wird.

Von den Hummerkrabben den Kopfteil abdrehen, den Panzer auf der Bauchseite mit den Daumen aufbrechen und abschälen. Auf der Rückenseite einschneiden, den dunklen Darm mit spitzem Messer entfernen, kurz unter fließendem Wasser abspülen. Aufschneiden, sodass sie flach aufliegen, mit Küchenkrepp trocknen. Salzen und pfeffern.

Eingeweichte Morcheln aus dem Wasser nehmen und ausdrücken. Die Schalotte schälen und sehr fein hacken, in etwas heißer Butter glasig dünsten. Die Morcheln dazugeben und mit etwas Morchelsud ablöschen (vorsichtig vom Bodensatz abgießen), einkochen lassen. Sahne und Champagner aufgießen und leise köcheln lassen, bis die Morcheln gar sind. In einer zweiten Pfanne die Garnelen in der restlichen Butter kurz anbraten, geschälte Knoblauchzehe durch eine Presse dazudrücken. Nur wenige Minuten garen. Hummerkrabben mit Sahnesauce servieren und mit Petersilie garnieren.

Einkaufsliste

Hummerkrabben in Morchelrahm

- getrocknete Spitzmorcheln
- Hummerkrabben
- Salz, Pfeffer
- Schalotte
- Butter
- süße Sahne
- Champagner
- Knoblauch

Was noch:

- ______________________
- ______________________
- ______________________
- ______________________
- ______________________
- ______________________
- ______________________
- ______________________
- ______________________
- ______________________

Shrimps mit Ingwer (chinesisch)

- 500 g mittelgroße Shrimps, ungeschält, ohne Kopf (möglichst rohe)
- 1 große grüne Paprikaschote
- 3-4 cm frische Ingwerwurzel
- 2 Zehen Knoblauch
- 3 EL neutrales Öl (am besten Erdnussöl)
- 1 EL Sherry
- Salz

Für die Sauce:

- 3 EL Ketchup
- 1 TL Zucker
- 2 TL Sherry
- 1 TL Speisestärke
- 1 EL leichte Sojasauce
- 1 Tasse Hühnerbrühe

Die Shrimps schälen, den Darm auf der Rückenseite mit einem spitzen Messer herausholen, kurz fließendes Wasser drüberlaufen lassen, so weit anschneiden, dass man sie flach aufdrücken kann. Mit Küchenkrepp gründlich abtrocknen.

Die Paprikaschote waschen, halbieren, Strunk, Kerne und helle Trennwände entfernen. Die Schotenhälften längs in Streifen, diese quer in kleine Würfel schneiden. Die Ingwerwurzel schälen und raspeln oder sehr fein hacken. Knoblauchzehen schälen und fein hacken.

Die Sauce zubereiten: Den Ketchup mit Zucker, Sherry, Speisestärke, Sojasauce und Hühnerbrühe glatt rühren. Eine Pfanne oder, noch besser, einen Wok erhitzen. 1 EL Öl hineingeben, umschwenken und heiß werden lassen. Die Paprikawürfel 1 Minute unter Rühren dünsten, herausnehmen und beiseite stellen. 2 EL Öl in die Pfanne oder den Wok geben und den Knoblauch leicht anbräunen. Herausnehmen und zu den Paprikawürfeln geben. Jetzt die Shrimps mit Ingwer so lange im Öl unter Wenden braten, bis die Shrimps leicht bräunen und gar sind, bereits gekochte nur kurz erhitzen. Das geht recht schnell. Den Sherry und etwas Salz zugeben und noch 1/2 Minute umrühren. Die Sauce drübergießen und so lange in der heißen Pfanne oder dem Wok rühren, bis sie gebunden ist. Paprika und Knoblauch dazu, salzen und alles gut mischen. Zu Basmati-Reis servieren.

alfredissimo!
Kochen mit BIO

Einkaufsliste

Shrimps mit Ingwer (chinesisch)

- ○ Shrimps
- ○ Paprikaschote
- ○ Ingwerwurzel
- ○ Knoblauch
- ○ Ketchup
- ○ Zucker
- ○ Sherry
- ○ Speisestärke
- ○ Sojasauce
- ○ Hühnerbrühe
- ○ Öl
- ○ Salz

Was noch:

- ○ ____________________
- ○ ____________________
- ○ ____________________
- ○ ____________________
- ○ ____________________
- ○ ____________________
- ○ ____________________
- ○ ____________________
- ○ ____________________
- ○ ____________________

Oktopus in Wein geschmort

- 1 kg küchenfertiger Oktopus
- 2-3 Zwiebeln
- 3-5 Knoblauchzehen
- 2-3 Tomaten (ersatzweise abgetropfte aus der Dose)
- 6-7 EL Olivenöl
- 2 Lorbeerblätter
- 1/4 l Wein (rot oder weiß)
- Salz, viel schwarzer Pfeffer aus der Mühle
- 1-2 EL Aceto Balsamico

Oktopus waschen, die Körperhöhle gut ausspülen. Die Mundöffnung, die zwischen den Fangarmen auf der Unterseite zu sehen ist, ausschneiden. Oktopus in 3 bis 5 cm breite Stücke schneiden.

Die Zwiebeln pellen, halbieren und in Streifen schneiden. Den Knoblauch pellen und fein hacken.

Frische Tomaten überbrühen, häuten und entkernen, in Stücke schneiden (Dosentomaten nur zerteilen).

In einer breiten Kasserolle das Olivenöl erhitzen. Die Oktopusstücke anbraten. Sobald sie rotbraun sind, Zwiebeln, Knoblauch und Lorbeer zugeben, 10 bis 15 Minuten dünsten.

Die Tomaten zugeben und den Wein unterrühren. Zugedeckt bei schwacher Hitze etwa 1 Stunde schmoren. Mit Salz, viel Pfeffer und dem Essig pikant abschmecken.

Auch als Vorspeise: Über Nacht durchziehen lassen und kalt servieren.

Einkaufsliste

Oktopus in Wein geschmort

- Oktopus
- Zwiebeln
- Knoblauch
- Tomaten
- Olivenöl
- Lorbeerblätter
- Wein
- Salz, Pfeffer
- Aceto Balsamico

Was noch:

- ______________________
- ______________________
- ______________________
- ______________________
- ______________________
- ______________________
- ______________________
- ______________________
- ______________________
- ______________________

Garnelen mit Rucola

Für 2 Personen:

- 300 g rohe Garnelenschwänze (etwa 10 cm lang)
- 1-2 Bund Rucola
- 2 mittelgroße Tomaten
- 2 Knoblauchzehen (wahlweise)
- 4-5 EL Olivenöl
- Salz, Pfeffer aus der Mühle
- Cayennepfeffer, Zitronensaft

Garnelen auf der Rückenseite aufschneiden, den Darm entfernen. Garnelen kurz abspülen und trocknen.

Rucola verlesen, waschen und trocknen. In 2 bis 3 cm breite Streifen schneiden.

Die Tomaten überbrühen, häuten und entkernen. Das Fruchtfleisch würfeln. Die Knoblauchzehen (wahlweise) pellen und vierteln.

In einer Pfanne das Öl mit dem Knoblauch erhitzen. Die Garnelen auf jeder Seite 1 Minute anbraten. Rucola und Tomaten zugeben, zugedeckt 5 bis 6 Minuten dünsten, ab und zu umrühren. Mit Salz, Pfeffer, einer Prise Cayennepfeffer und Zitronensaft abschmecken. Mit Safranreis servieren.

Einkaufsliste

Garnelen mit Rucola

- ○ Garnelenschwänze
- ○ Rucola
- ○ Tomaten
- ○ Olivenöl
- ○ Salz, Pfeffer
- ○ Cayennepfeffer, Zitronensaft

Was noch:

- ○ ______________________
- ○ ______________________
- ○ ______________________
- ○ ______________________
- ○ ______________________
- ○ ______________________
- ○ ______________________
- ○ ______________________
- ○ ______________________
- ○ ______________________

Geflügel & Fleisch

Geflügel, besonders Huhn, spielt in der Esskultur vieler Länder eine wichtige Rolle. Deshalb haben wir uns entschlossen, neben dem Rezept für das klassische „Backhendl" auch Rezepte aus dem mediterranen und asiatischen Raum mit aufzunehmen.

Dagegen ist die Situation auf dem Fleischmarkt immer noch problematisch: Rindfleisch ist immer noch verdächtig und wird es noch lange bleiben. Am schwierigsten ist es, gutes Kalbfleisch zu bekommen. Alternativen dazu sind neben Schweinefleisch auch Lamm, Kaninchen und Wild.

Natürlich muss man auch hier suchen und z. T. bereit sein, beim Metzger des Vertrauens etwas mehr zu zahlen. Aber es hat sich ja längst herumgesprochen, dass es viel gesünder ist, weniger Fleisch zu essen. Man kann also durch gebremsten Fleischgenuss die höheren Preise für wirklich gutes Fleisch ausgleichen.

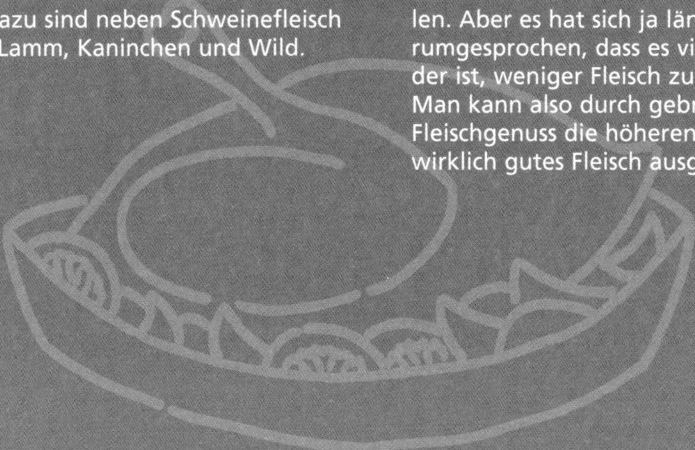

Backhendl

- *125 g Butter*
- *2 junge Hühnchen (frische, keine tiefgekühlten)*
- *Salz*
- *etwas Mehl*
- *1 Packung Semmelbrösel oder selbst geriebene aus altbackenen Brötchen*
- *4 Eier*

Die Butter in einer Pfanne (die einen Deckel hat – für später) klären, das heißt, die Butter langsam erhitzen und aufkochen, bis sie stark schäumt und die Molke sich an der Oberfläche absetzt. Schaum abschöpfen, die Pfanne vom Herd nehmen. Die Hühner mit einem Messer in 8 Teile zerlegen (2 Beine, die nochmals durchs Gelenk halbiert werden, 2 Flügel, 2 Brusthälften). Die Teile kurz waschen, mit Küchenkrepp gut trocknen. Rundum salzen, mit Mehl bestäuben, überschüssiges wieder abklopfen.

In einen tiefen Teller die Semmelbrösel streuen, in einem zweiten Teller die Eier leicht verquirlen.

Die gemehlten Hühnerstücke durch die verquirlten Eier ziehen und in den Semmelbröseln wälzen. Die Panierung gut festdrücken.

Die Pfanne mit der geklärten Butter wieder erhitzen, die Geflügelstücke darin bei mittlerer Hitze mit aufgelegtem Deckel braten, auf jeder Seite etwa 8 Minuten, dabei nur einmal wenden! Am zünftigsten mit der Hand zu essen.

Dazu passen Petersilienkartoffeln und ein grüner Salat. Oder ein saftiger Kartoffelsalat.

Statt frischer Butter geht auch Butterschmalz. Reste vom Backhendl schmecken auch kalt. Warum es keine Backente und keine Backgans gibt? Weil deren Fleisch viel härter ist als das der Hühnchen, die schon im Alter von fünf bis sechs Wochen geschlachtet werden.

alfredissimo!
Kochen mit BiO

Einkaufsliste

Backhendl

- Butter
- Hühnchen
- Salz
- Mehl
- Semmelbrösel
- Eier

Was noch:

Huhn mit grünem Spargel und Zuckerschoten

- *500 g Hähnchenbrustfilet*
- *4 EL Sojasauce*
- *8 EL trockener Sherry*
- *Salz, Pfeffer*
- *Zucker*
- *250 g grüner Spargel*
- *250 g Zuckerschoten*
- *8 EL neutrales Öl*
- *1/2 TL Korianderkörner*

Die Hähnchenfilets waschen, gut trocknen und in Streifen schneiden. Sojasauce mit Sherry, Salz, Pfeffer und ein wenig Zucker verrühren und die Fleischstreifen darin mehrere Stunden marinieren, also in der Würze liegen lassen und dabei gelegentlich umwenden.

Spargel waschen und die unteren Enden abschneiden, soweit sie holzig sind. Die zarten Köpfe abschneiden und zur Seite legen, die Stangen in Stücke teilen.

Zuckerschoten waschen und von Enden und Fäden befreien. Die Spargelstücke (ohne die Köpfe) in 5 EL Öl etwa 10 Minuten dünsten, dann die Köpfe und nach 2 Minuten die Zuckerschoten dazugeben. Weiter 3 bis 4 Minuten dünsten. Aus der Pfanne nehmen und warm stellen. Pfanne mit Küchenkrepp säubern und 3 EL frisches Öl stark erhitzen.

Die Hühnerstücke mit der Marinade dazugeben und 4 bis 5 Minuten dünsten, das Gemüse dazugeben und zugedeckt weitere 5 Minuten auf ganz kleiner Flamme ziehen lassen. Mit zerstoßenen Korianderkörnern und, wenn nötig, noch mit etwas Salz und Pfeffer würzen.

alfredissimo!
Kochen mit BiO

Einkaufsliste

Huhn mit grünem Spargel und Zuckerschoten

- ○ Hähnchenbrustfilet
- ○ Sojasauce
- ○ Sherry
- ○ Salz, Pfeffer
- ○ Zucker
- ○ Spargel
- ○ Zuckerschoten
- ○ Öl
- ○ Koriander

Was noch:

- ○ ______________________
- ○ ______________________
- ○ ______________________
- ○ ______________________
- ○ ______________________
- ○ ______________________
- ○ ______________________
- ○ ______________________
- ○ ______________________
- ○ ______________________

Zitronenhuhn

- 1 frisches Huhn (ein schönes vom Markt)
- Saft von 3-5 Zitronen
- durchwachsener, geräucherter Speck
- 3-5 Knoblauchzehen (eher mehr)
- 1 TL Herbes de Provence (provenzalische Kräutermischung aus Estragon, Oregano, Thymian, Basilikum, Bohnenkraut, Rosmarin, Anis, Fenchel, Lavendel, Salbei und Ysop)
- Salz
- 1 Becher saure Sahne oder Schmand

Das Huhn innen und außen waschen, mit Küchenkrepp trocknen und in eine Schüssel legen, mit dem Zitronensaft übergießen und ein paar Stunden im Kühlschrank marinieren. Wenn man Zeit hat, ab und zu wenden.

Zur Zubereitung wird der Speck gewürfelt und in einem großen Bratentopf auf mittlerer Hitze ausgebraten. Das Huhn aus dem Zitronensaft heben (den Saft nicht weggießen), abtrocknen und innen mit ein paar grob gewürfelten Knoblauchzehen und den Herbes de Provence ausstreuen, salzen und in dem Speckfett anbraten. Am Rand ein paar geviertelte Knoblauchzehen mitbraten, bis sie glasig sind (nicht braun werden lassen). Dann den Zitronensaft zugießen, die Herdplatte kleiner stellen, zugedeckt bei schwacher Hitze (E-Herd Stufe 1 1/2) etwa 30 Minuten garen. Danach das Huhn aus dem Bräter nehmen und die Sahne oder den Schmand in den Bratfond rühren. Den Topf sofort von der Herdplatte nehmen und die Sauce zu dem Huhn servieren. Dazu passt gekochter Reis.

alfredissimo! Kochen mit BIO

Einkaufsliste

Zitronenhuhn

- ○ Huhn
- ○ Zitronen
- ○ Speck
- ○ Knoblauch
- ○ Herbes de Provence
- ○ Salz
- ○ saure Sahne

Was noch:

- ○ ______________________
- ○ ______________________
- ○ ______________________
- ○ ______________________
- ○ ______________________
- ○ ______________________
- ○ ______________________
- ○ ______________________
- ○ ______________________
- ○ ______________________

Grusinisches Huhn

- 1 junges Brathähnchen
- 1 Bund Estragon
- 1 Bund Basilikum
- 1 Bund Liebstöckel
- 1 kleiner Zweig Rosmarin (es können auch getrocknete Kräuter genommen werden)
- neutrales Pflanzenöl
- 100 g dünn geschnittener Parmaschinken
- Salz
- körniger Dijonsenf
- 100 g altbackene Brötchen

Vom Hähnchen die Flügel abschneiden. Das Huhn auf den Rücken legen und den Bauch mit einer Geflügelschere aufschneiden. Den Brustkorb aufbiegen und das Huhn von der Innenseite her vorsichtig entbeinen. Darauf achten, dass die Haut nicht beschädigt wird. Die Flügel mit den ausgelösten Hühnerknochen für eine Hühnersuppe verwenden.

Die Kräuter verlesen, die Blätter mit Küchenkrepp abreiben.

Den Backofen auf 250 °C vorheizen. Ein Stück Alufolie auf ein Backblech legen und mit etwas Öl bestreichen. Das Huhn in dem Öl wenden, zur Seite legen. Den Parmaschinken in der Größe des Huhns auf der Folie auslegen. Etwa 2/3 der Kräuter – Estragonblätter, fein gehacktes Basilikum und Liebstöckel, Nadeln des Rosmarinzweiges (Vorsicht, frischer Rosmarin schmeckt sehr intensiv, also sparsam verwenden) auf die Innenseite des Huhns streuen, nur ganz wenig salzen (weil der Schinken beim Garen das Fleisch schon würzt). Das Huhn mit der gekräuterten Seite nach unten so auf das Backblech legen, dass der Schinken vollständig bedeckt ist.

Die Hautseite mit körnigem Dijonsenf einreiben. Die trockenen Brötchen zu Bröseln reiben und ungleichmäßig über das Huhn verteilen, damit die Haut nachher im Ofen Blasen werfen kann.

Das platte Huhn in den heißen Ofen schieben, etwa 20 Minuten backen, nach einer Viertelstunde noch ein paar gehackte Kräuter und Rosmarinnadeln über das Huhn streuen. Dann den Grill dazuschalten, bis die Haut goldbraun und knusprig ist – das dauert etwa 5 Minuten.

Mit einem bunt gemischten Salat servieren.

Einkaufsliste

Grusinisches Huhn

- ○ Brathähnchen
- ○ Estragon
- ○ Basilikum
- ○ Liebstöckel
- ○ Rosmarin
- ○ Pflanzenöl
- ○ Parmaschinken
- ○ Salz
- ○ körniger Dijonsenf
- ○ Brötchen

Was noch:

- ○ ______________________
- ○ ______________________
- ○ ______________________
- ○ ______________________
- ○ ______________________
- ○ ______________________
- ○ ______________________
- ○ ______________________
- ○ ______________________
- ○ ______________________

Persisches Safranhuhn

- *1 großes Brathähnchen (am schnellsten geht es, wenn der Geflügelhändler bereits das Huhn zerteilt – die Brust in 16 Stücke schneiden)*
- *6 Zitronen*
- *4 Msp. gemahlener Safran*
- *Pfeffer, Salz*
- *Olivenöl – etwas weniger als der Saft der sechs Zitronen*
- *Pfeffer, Salz*

Die Hähnchenteile kurz abspülen, mit Küchenkrepp gut trocknen und in eine Reine oder einen Bräter legen. Die Zitronen auspressen. Den Safran mit ganz wenig Zitronensaft anrühren, damit es keine Klümpchen gibt.
Dann erst mit dem übrigen Saft gründlich vermischen.

Die Hähnchenteile pfeffern, salzen und mit dem Safran-Zitronensaft übergießen. Das Olivenöl darüber verteilen, bis die Stücke gut bedeckt sind. Mit Folie abdecken, im Kühlschrank 24 Stunden ziehen lassen, ab und zu umwenden.

Den Backofen auf 240 °C vorheizen. Die Hühnerstücke aus der Marinade heben, auf ein Backblech legen und 45 Minuten im heißen Ofen backen, bis die Haut schön bräunlich ist.

Als Beilage Basmati-Reis und ein bunt gemischter Salat.

Einkaufsliste

Persisches Safranhuhn

- ○ Brathähnchen
- ○ Zitronen
- ○ Safran
- ○ Pfeffer, Salz
- ○ Olivenöl

Was noch:

- ○ ____________________
- ○ ____________________
- ○ ____________________
- ○ ____________________
- ○ ____________________
- ○ ____________________
- ○ ____________________
- ○ ____________________
- ○ ____________________
- ○ ____________________

Provenzalisches Huhn

Wird auch „Das schnellste Huhn der Welt" genannt!

- *2-3 Knoblauchzehen*
- *3 doppelte Hähnchenbrüste, entbeint; oder 6 Hühnerschenkel*
- *75 g Butter*
- *Salz*
- *1 Msp. Cayennepfeffer*
- *3-4 TL Paprikapulver edelsüß*
- *1 große Dose geschälte Tomaten*
- *1/8 l trockener Vermouth (Noilly Prat zum Beispiel)*
- *1/2 TL getrockneter Thymian*
- *1 Becher Sahne*
- *1 Becher Crème fraîche*

Die Knoblauchzehen pellen und grob hacken. Die Hähnchenbrüste (oder Hühnerschenkel) mit Küchenkrepp trocknen und halbieren.

In einer großen Pfanne, zu der es einen Deckel gibt, die Butter erhitzen und die Fleischstreifen bei starker Hitze kurz und scharf anbraten, dann die Temperatur verringern, mit Salz, Cayennepfeffer und Paprikapulver würzen.

Die Tomaten, Knoblauch und den Vermouth dazugeben, zugedeckt etwa 20 Minuten (Hühnerschenkel 30 Minuten) schmoren lassen, den Deckel abnehmen, nach Geschmack einen halben TL Thymian (oder mehr), die Sahne und Crème fraîche unterrühren und alles etwas einköcheln lassen. Vielleicht noch mit Salz abschmecken. Dazu: frisches Weißbrot oder körniger Reis.

Einkaufsliste

Provenzalisches Huhn

- ○ Knoblauch
- ○ Hähnchenbrüste
- ○ Butter
- ○ Salz
- ○ Cayennepfeffer
- ○ Paprika edelsüß
- ○ geschälte Tomaten
- ○ Vermouth
- ○ Thymian
- ○ Sahne
- ○ Crème fraîche

Was noch:

- ○ ______________________________
- ○ ______________________________
- ○ ______________________________
- ○ ______________________________
- ○ ______________________________
- ○ ______________________________
- ○ ______________________________
- ○ ______________________________
- ○ ______________________________
- ○ ______________________________

Entenbrust in Honig-Essig

- 4 kleine Entenbrüste
- 1 mittelgroße Zwiebel
- 1/4 l Weißwein
- 4 EL Weißweinessig
- 2 EL Honig
- Salz, weißer Pfeffer aus der Mühle

Die Entenbrüste mit Küchenkrepp trocknen. Die Zwiebel pellen und fein hacken.

In einer Pfanne die Zwiebelwürfel mit Wein, Essig und Honig etwa 10 Minuten unter Rühren bei Mittelhitze köcheln lassen.

Gleichzeitig eine zweite (beschichtete) Pfanne erhitzen. Die Entenbrüste darin mit der Fettseite nach unten bei mittlerer Hitze etwa 4 Minuten braten, dann wenden und weitere 4 Minuten braten. Salzen und pfeffern.

Den Bratensaft von der Entenbrust zur Honig-Essig-Sauce gießen, Sauce mit Salz und Pfeffer abschmecken. Die Entenbrüste in Scheiben schneiden und mit der Sauce übergossen servieren.

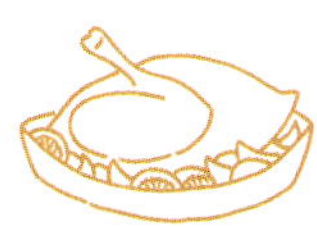

Einkaufsliste

Entenbrust in Honig-Essig

- ○ Entenbrüste
- ○ Zwiebel
- ○ Weißwein
- ○ Weißweinessig
- ○ Honig
- ○ Salz, Pfeffer

Was noch:

- ○ ____________________
- ○ ____________________
- ○ ____________________
- ○ ____________________
- ○ ____________________
- ○ ____________________
- ○ ____________________
- ○ ____________________
- ○ ____________________
- ○ ____________________

Huhn mit Brokkoli aus dem Wok

- 4 Hähnchenbrustfilets
- 1 Knoblauchzehe
- 3 EL Sojasauce
- 3 EL Sake (Reiswein, ersatzweise trockener Sherry)
- 500 g Brokkoli
- 1 TL Korianderkörner
- 4 EL Pflanzenöl zum Braten
- 4 EL dunkles Sesamöl (aus geröstetem Sesam)
- Salz, Pfeffer aus der Mühle

Die Hähnchenbrustfilets mit Küchenkrepp trocknen und quer in sehr dünne Scheiben schneiden. Für die Marinade die Knoblauchzehe pellen. Die Sojasauce in einer Schüssel mit Sake vermischen, den Knoblauch dazupressen und die Hähnchenscheiben darin wenden. Im Kühlschrank 1 bis 2 Stunden marinieren.

Den Brokkoli waschen, die Stiele in sehr dünne Scheiben schneiden (dabei eventuell holzige Stellen entfernen). Die Köpfe in kleine Röschen teilen. Die Korianderkörner im Mörser zerreiben.

In einem Wok erst das Pflanzenöl erhitzen, dann das Sesamöl zugießen und unter Rühren die Brokkolistängelscheiben 4 bis 5 Minuten anbraten.
Die Röschen zugeben und alles noch 3 bis 5 Minuten braten.

Das Hühnerfleisch samt Marinade untermischen und ebenfalls 3 bis 5 Minuten (je nach Dicke der Scheiben) unter Rühren braten. Die gemörserten Korianderkörner untermischen, mit Salz und Pfeffer abschmecken. Gleich mit Reis servieren.

Einkaufsliste

Huhn mit Brokkoli aus dem Wok

- ○ Hähnchenbrustfilet
- ○ Knoblauch
- ○ Sojasauce
- ○ Sake
- ○ Brokkoli
- ○ Korianderkörner
- ○ Pflanzenöl
- ○ Sesamöl
- ○ Salz, Pfeffer

Was noch:

- ○ ____________________
- ○ ____________________
- ○ ____________________
- ○ ____________________
- ○ ____________________
- ○ ____________________
- ○ ____________________
- ○ ____________________
- ○ ____________________
- ○ ____________________

Lammrücken

- *1 kg Lammrücken*
- *Herbes de Provence (fertige Trockenkräutermischung)*
- *Salz, Pfeffer*
- *5 Knoblauchzehen*
- *50 g Butter*

Den Lammrücken enthäuten, die auf der Unterseite liegenden kleinen Filets herausschneiden und beiseite legen. Den Backofen auf 200 °C vorheizen. Den Lammrücken mit den Kräutern, Salz und Pfeffer einreiben. Dann vorsichtig an 5 Stellen einstechen und die geschälten Knoblauchzehen hineinstecken.

In einen Bräter oder auf ein Backblech mit Rand legen, eine halbe Tasse Wasser zugießen und die Butter in Flocken auf dem Lammrücken verteilen.

In den heißen Backofen schieben und etwa 30 Minuten braten. Nach 15 Minuten die Filets dazulegen. Die Länge der Garzeit hängt davon ab, ob man das Fleisch rosa oder durch essen will. Ich finde, dass Lamm rosa am besten schmeckt. Wenn Sie es eher durchgebraten mögen, lassen Sie es noch 10 Minuten länger im Ofen (die Filets aber erst 15 Minuten vor Garzeitende zugeben).

Einkaufsliste

Lammrücken

- ○ Lammrücken
- ○ Herbes de Provence
- ○ Salz, Pfeffer
- ○ Knoblauch
- ○ Butter

Was noch:

- ○ ______________________
- ○ ______________________
- ○ ______________________
- ○ ______________________
- ○ ______________________
- ○ ______________________
- ○ ______________________
- ○ ______________________
- ○ ______________________
- ○ ______________________

Doppelt gekochtes Schweinefleisch aus dem Wok

- ca. 750 g Schweinekotelett ohne Knochen (Lende), Salz
- Reiswein oder trockener Sherry
- 1 Bund Frühlingszwiebeln
- 2-3 rote Paprikaschoten
- 1 Stück frischer Ingwer
- Pflanzenöl zum Braten
- 2 EL Zucker
- 2-3 EL scharfe Bohnensauce
- getrocknete Chilischoten
- evtl. getrocknete Schwarzbohnen
- Sojasauce, Fünfgewürzpulver

Auf Chinesisch heißt das Gericht so viel wie „Zurück-in-den-Topf-Fleisch". Die Schweinelende in kochendem Salzwasser in etwa 20 Minuten rosa kochen. In 4 Millimeter dünne Scheiben schneiden und – wenn die Zeit reicht– in einer Schüssel in Reiswein (Sherry) eine Weile marinieren.

Den weißen und den grünen Teil von den Frühlingszwiebeln getrennt fein schneiden, die geputzten Paprikaschoten in Streifen schneiden. Den Ingwer schälen, fein hacken.

In einem Wok Pflanzenöl erhitzen, die Paprikastreifen, das Weiße der Frühlingszwiebeln und den Ingwer kurz anbraten, dann herausheben. Im Öl 2 EL Zucker schmelzen lassen, dazu etwas Reiswein oder Sherry, die scharfe Bohnensauce, getrocknete Chilischoten und eventuell einige Schwarzbohnen geben. Etwa 5 Minuten durchrühren.

Das Fleisch in der Sauce wieder erwärmen, das gedünstete Gemüse dazugeben, mit Sojasauce und Fünfgewürzpulver abschmecken und das Zwiebelgrün darüber streuen. Dazu gibt es natürlich Reis.

Die Zutaten gibt es in asiatischen Lebensmittelgeschäften. Wenn am Fleisch noch Fett daran ist, kann man es vorm Kochen abtrennen, würfeln und im Wok auslassen.

Knoblauch passt auch gut dazu – dann ist es nordchinesisch.

Einkaufsliste

Doppelt gekochtes Schweinefleisch aus dem Wok

- ○ Schweinekotelett
- ○ Salz
- ○ Reiswein
- ○ Frühlingszwiebeln
- ○ rote Paprikaschoten
- ○ Ingwer
- ○ Pflanzenöl
- ○ Zucker
- ○ scharfe Bohnensauce
- ○ getrocknete Chilischoten
- ○ Sojasauce, Fünfgewürzpulver

Was noch:

- ○ ____________________
- ○ ____________________
- ○ ____________________
- ○ ____________________
- ○ ____________________
- ○ ____________________
- ○ ____________________
- ○ ____________________
- ○ ____________________
- ○ ____________________

Entenbrust mit Zuckerschoten

- *2 dicke Entenbrustfilets mit Haut (und Fett)*
- *400 g Zuckerschoten (Mange Tout, Kaiserschoten)*
- *4-5 EL Sojasauce*
- *Pfeffer, eventuell Salz*

Mit einem scharfen Messer die fette Haut von den Entenbrüsten lösen und in grobe Stücke zerteilen. Die Zuckerschoten waschen, trocknen und mit dem Daumennagel die beiden Enden abzwicken, eventuell vorhandene Fäden entfernen.

Das Entenbrustfleisch in etwa 5 mm dicke Scheiben schneiden.

In einer schweren Pfanne die Entenhautstücke bei niedriger Temperatur langsam auslassen, die Hautstücke herausfischen und wegwerfen. In dem Fett die Fleischscheiben schnell anbraten; das dauert nur 1-2 Minuten.

Herausnehmen und warm stellen. In dem Fett, das in der Pfanne verbleibt, die Zuckerschoten unter Rühren knackig garen, dann die Fleischscheiben dazugeben, kurz erhitzen und mit Sojasauce und Pfeffer würzen, eventuell ganz, ganz wenig salzen (das hängt von der Sojacsauce ab).

Ganz heiß servieren. Dazu gibt es Reis, nach Belieben mit einem guten Stück Butter angereichert.

Einkaufsliste

Entenbrust mit Zuckerschoten

- ○ Entenbrustfilets
- ○ Zuckerschoten
- ○ Sojasauce
- ○ Pfeffer

Was noch:

- ○ ____________________
- ○ ____________________
- ○ ____________________
- ○ ____________________
- ○ ____________________
- ○ ____________________
- ○ ____________________
- ○ ____________________
- ○ ____________________
- ○ ____________________

Schweinebraten „light"

- 1 kg Kotelettstück vom Schwein ohne Knochen (auch Lende genannt)
- 5-6 mittelgroße Zwiebeln
- 1-3 Knoblauchzehen
- 1 Brühwürfel
- 5 EL Pflanzenöl zum Braten
- Salz, Pfeffer aus der Mühle
- getrockneter Rosmarin und/oder Oregano

Das Fleisch mit Küchenkrepp gut trocknen. Die Zwiebeln und den Knoblauch pellen, grob hacken. Den Brühwürfel in etwa 1/2 l warmem Wasser auflösen.

In einem Schmortopf das Öl stark erhitzen. Das Fleisch salzen und pfeffern, rundum braun anbraten. Die Hitze etwas reduzieren, gehackte Zwiebeln und Knoblauch zum Fleisch geben und andünsten. Etwa die Hälfte der Brühe angießen, mit Rosmarin und/oder Oregano würzen. Zugedeckt bei schwächster Hitze etwa 1 1/2 Stunden schmoren lassen, dabei ab und zu nachsehen, ob die Brühe nachgegossen werden muss.

Zum Schluss sollte das Fleisch gar und zart sein, die Zwiebeln sind zu einer sämigen Sauce verkocht. Mit Salz und Pfeffer abschmecken. Das Fleisch dünn aufschneiden, mit der Sauce servieren.

alfredissimo!
Kochen mit BiO

Einkaufsliste

Schweinebraten „light"

- ○ Kotelettstück
- ○ Zwiebeln
- ○ Knoblauch
- ○ Brühwürfel
- ○ Pflanzenöl
- ○ Salz, Pfeffer
- ○ Rosmarin, Oregano

Was noch:

- ○ ______________________
- ○ ______________________
- ○ ______________________
- ○ ______________________
- ○ ______________________
- ○ ______________________
- ○ ______________________
- ○ ______________________
- ○ ______________________
- ○ ______________________

Schweinemedaillons mit Fenchel

- 400 g Schweinefilet (möglichst gleichmäßig dickes Stück)
- 2-3 Fenchelknollen (je nach Größe)
- etwa 30 g frischer Ingwer
- nach Belieben 1 Knoblauchzehe
- Salz, Pfeffer aus der Mühle
- 5 EL Pflanzenöl zum Braten
- 3 EL Honig
- 6-7 EL Calvados

Das Filet mit Küchenkrepp trocknen, eventuell anhängende Häute entfernen.

Den Fenchel putzen, halbieren und den Strunk keilförmig herausschneiden. Die Hälften waschen und in 1/2 cm dünne Scheiben schneiden. Den Ingwer schälen und auf einer Reibe fein raspeln. Nach Belieben den Knoblauch pellen.

Den Backofen auf 200° C vorheizen. Das Fleisch mit Salz und Pfeffer einreiben. In einem Bräter 2 EL von dem Öl erhitzen und das Schweinefilet rundum 8 bis 10 Minuten anbraten. Nach Belieben in den letzten Minuten den Knoblauch dazupressen.

Das Fleisch aus dem Bräter heben, die Fenchelscheiben hineingeben, mit 2 EL Öl besprenkeln und leicht salzen. Das Fleisch wieder auf die Fenchelscheiben legen und den Bräter in den Ofen schieben, 25 Minuten garen.

Inzwischen in einem Töpfchen 1 EL Öl erhitzen und den Ingwer unter Rühren 2 bis 3 Minuten andünsten. Den Honig dazugeben und schmelzen lassen. Den Calvados angießen (Vorsicht, dass keine offene Flamme in der Nähe ist!) und bei schwacher Hitze auf die Hälfte der Menge einkochen lassen. Eventuell mit etwas Salz würzen.

Den Bräter aus dem Ofen nehmen, das Fleisch in Scheiben aufschneiden und auf dem Fenchel anrichten. Mit der würzigen Sauce überziehen und servieren.

Einkaufsliste

Schweinemedaillons mit Fenchel

- ○ Schweinefilet
- ○ Fenchelknollen
- ○ Ingwer
- ○ Salz, Pfeffer
- ○ Pflanzenöl
- ○ Honig
- ○ Calvados

Was noch:

- ○ ______________________
- ○ ______________________
- ○ ______________________
- ○ ______________________
- ○ ______________________
- ○ ______________________
- ○ ______________________
- ○ ______________________
- ○ ______________________
- ○ ______________________

Perlhuhn mit Mirabellen

- *1 Perlhuhn von etwa 1,3 kg (ersatzweise ein Hähnchen)*
- *1 Glas eingelegte Mirabellen*
- *4-6 cl Mirabellenwasser (kein billiger Mirabellengeist)*
- *Butter und Pflanzenöl*
- *Salz, weißer Pfeffer aus der Mühle*

Das Perlhuhn waschen, mit Küchenkrepp trocknen und in 10 Stück teilen: in die 2 Flügel, die Beine in jeweils 2 Teile, dazu die 2 Brüste und den geteilten Rücken. Die Mirabellen in einem Sieb abtropfen lassen, die Flüssigkeit auffangen. Mirabellen entsteinen.

Eine Mischung aus Öl und Butter in einer Pfanne oder Sauteuse (eine Kasserolle mit Deckel) erhitzen, darin die Geflügelteile auf beiden Seiten etwa 10 Minuten anbraten. Dann den Mirabellensaft dazugießen, den Deckel und die Flüssigkeit etwas einköcheln lassen. Die entsteinten Mirabellen zugeben und noch etwa 15 bis 20 Minuten köcheln lassen, bis die Perlhuhnteile gar sind. Mit Salz und Pfeffer abschmecken.

Ganz zum Schluss 2 Schnapsgläser Mirabellengeist darübergießen und – wenn es für Erwachsene zubereitet wird – sofort servieren. Für Kinder noch 2 Minuten köcheln lassen, damit der Alkohol vollständig verdampft.

alfredissimo! Kochen mit BiO

Einkaufsliste

Perlhuhn mit Mirabellen

- Perlhuhn
- Mirabellen
- Mirabellenwasser
- Salz, weißer Pfeffer
- Butter
- Pflanzenöl

Was noch:

- ______________________
- ______________________
- ______________________
- ______________________
- ______________________
- ______________________
- ______________________
- ______________________
- ______________________
- ______________________

Putenleber in Jägersauce

- 500 g frische Putenleber
- 250 g Langkorn-Reis
- 2 EL Olivenöl
- 3 Zwiebeln
- 3 Nelken
- 1 Flasche Weißwein, z. B. ein Muscadet
- Salz, schwarzer Pfeffer
- 250 g Champignons
- 1 Päckchen Jägersauce
- Butter zum Braten
- etwas Sahne, Estragon, Salbei, Majoran

Die Putenleber waschen und trockentupfen, sorgfältig putzen und zur Seite stellen.

In einem Topf den Reis in Öl andünsten, bis er glasig ist. Eine Zwiebel schälen, aber nicht zerteilen, sondern mit den Nelken spicken und zum Reis geben, mit Wasser und Weißwein (nicht die ganze Flasche! 1 Teil Wein auf 2 Teile Wasser) aufgießen, salzen und wie Risotto ausquellen lassen. Restliche Zwiebeln schälen und fein würfeln. Die Champignons putzen und blättrig schneiden. Jägersauce nach Packungsangabe (mit etwas Weißwein) zubereiten.

In einer Pfanne Butter erhitzen und die Zwiebelwürfel anbraten. Putenleber zugeben und rundum in 5-7 Minuten rosig braten. In einem zweiten Pfännchen die Champignons ebenfalls in Butter braten.

Die Putenleber aus der Pfanne heben und in kleine Stücke schneiden. Die Champignons zu den Zwiebeln rühren, mit Wein ablöschen (nicht ohne vorher einen Schluck zu nehmen) und mit der Jägersauce übergießen, einen Schuss Sahne zugeben und etwas einkochen lassen.

Die Leberstücke untermischen und nur kurz ziehen lassen – nicht zu lange, sonst wird die Leber hart. Das Ragout erst jetzt mit Salz, Pfeffer, Estragon, Salbei und Majoran würzen. Die Putenleber mit dem Reis servieren.

Einkaufsliste

Putenleber in Jägersauce

- O Putenleber
- O Langkorn-Reis
- O Olivenöl
- O Zwiebeln
- O Nelken
- O Weißwein,
- O Salz, Pfeffer
- O Champignons
- O Jägersauce
- O Butter
- O Sahne, Estragon, Salbei, Majoran

Was noch:

- O ____________________
- O ____________________
- O ____________________
- O ____________________
- O ____________________
- O ____________________
- O ____________________
- O ____________________
- O ____________________
- O ____________________

Stubenküken „Tandoori"

- 2 Stubenküken à etwa 400 g
- 5 TL Tandoori-Paste (indische Gewürzmischung)
- 5 EL Joghurt
- Salz
- 2 Bund Petersilie
- 50 g Butter

Die Stubenküken außen und innen abwaschen, den Pürzel abschneiden und wegwerfen, die Küken sorgfältig mit Küchenkrepp trockentupfen.

Den Backofen auf 180 °C vorheizen. Die Tandoori-Paste mit dem Joghurt verrühren, an den Öffnungen (Hals und hinten) die Haut der Küken vorsichtig anheben und mit einem kleinen Löffel von der Würzmischung unter der Haut verstreichen. Innen leicht salzen und in jedes Hähnchen einen Bund gewaschene Petersilie stecken. Die Schenkel mit Küchengarn zusammenbinden und dadurch die Füllöffnung verschließen.

In einer Bratenpfanne die Butter zerlassen und die Küken hineinlegen. Auf mittlerer Schiene in den Backofen schieben und etwa 40 Minuten garen. Nach der Hälfte der Zeit die Küken umdrehen und mit der heißen Butter aus der Pfanne begießen, damit die Haut schön knusprig wird.

Kurz vor Ende der Bratzeit den Rest von der Joghurtmischung über die Küken streichen.

Dazu körnig gekochten Basmati-Reis servieren.

Einkaufsliste

Stubenküken „Tandoori"

- ○ Stubenküken
- ○ Tandoori-Paste
- ○ Joghurt
- ○ Salz
- ○ Petersilie
- ○ Butter

Was noch:

- ○ ______________________
- ○ ______________________
- ○ ______________________
- ○ ______________________
- ○ ______________________
- ○ ______________________
- ○ ______________________
- ○ ______________________
- ○ ______________________
- ○ ______________________

Chinesische Hühnerpfanne

- 500 g Hähnchenbrustfilets
- 6-7 cm Ingwerwurzel
- 1 unbehandelte Limette
- 3 Knoblauchzehen
- 5-6 EL Sojasacue
- 10 Tropfen Tabascosauce
- 250 g Möhren
- 1 Bund Frühlingszwiebeln (Lauchzwiebeln)
- 2 rote Paprikaschoten
- 10 EL Pflanzenöl zum Braten
- 100 ml trockener Sherry

Die Hähnchenbrustfilets mit Küchenkrepp trocknen und in sehr dünne Scheiben schneiden. In eine Schüssel geben. Den Ingwer schälen und fein zum Fleisch reiben.

Die Limette heiß waschen und die Schale abraspeln, die Limette auspressen. Die Knoblauchzehen pellen, zum Fleisch pressen. Die Filetstreifen noch mit Limettensaft und –schale, Soja- und Tabascosauce vermischen, im Kühlschrank etwa 1 Stunde ziehen lassen.

Die Möhren, Frühlingszwiebeln und die Paprikaschoten waschen und putzen. Die Möhren schälen und in dünne Scheiben schneiden. Von den Frühlingszwiebeln den weißen und hellgrünen Teil in feine Scheibchen schneiden. Die Paprikaschoten halbieren und entkernen, in dünne Streifen schneiden.

In einer Pfanne die Hälfte vom Öl erhitzen. Möhren und Paprikastreifen darin unter ständigem Rühren 7 bis 8 Minuten braten. Die Frühlingszwiebeln zugeben und weitere 3 Minuten braten.

In einer zweiten Pfanne das übrige Öl sehr heiß werden lassen. Das Hähnchenfleisch mit der Marinade unter heftigem Rühren 3 bis 4 Minuten garen. Das gegarte Gemüse zu dem Fleisch geben und vermischen, Sherry zugießen und noch einmal aufkochen lassen. Mit Salz abschmecken und sofort servieren.

alfredissimo! Kochen mit BiO

Einkaufsliste

Chinesische Hühnerpfanne

- ○ Hähnchenbrustfilets
- ○ Ingwerwurzel
- ○ Limette
- ○ Knoblauch
- ○ Sojasacue
- ○ Tabascosauce
- ○ Möhren
- ○ Frühlingszwiebeln
- ○ Paprikaschoten
- ○ Pflanzenöl
- ○ Sherry

Was noch:

- ○ ______________________
- ○ ______________________
- ○ ______________________
- ○ ______________________
- ○ ______________________
- ○ ______________________
- ○ ______________________
- ○ ______________________
- ○ ______________________
- ○ ______________________

Schweinefilet mit Äpfeln

- 1 Schweinefilet, ca. 700 g
- Salz, Pfeffer
- 1 TL Rosmarinnadeln, etwas zerkleinert
- 2 EL Pflanzenöl
- 2 Zwiebeln
- 2 große Äpfel, säuerlich (z. B. Boskop)
- 1/4 l Sahne
- 4 EL Calvados

Das Fleisch abwaschen, mit Küchenkrepp trocknen und mit Salz und Rosmarin einreiben. In einer Pfanne das Öl erhitzen und das Filet ringsum scharf anbraten. Hitze zurückschalten, das Fleisch 10 bis 15 Minuten weiterbraten, bis es fast gar ist.

Schweinefilet in Alufolie wickeln, im Ofen bei 75 °C warmhalten.

Die Zwiebeln pellen und in dünne Ringe schneiden, von den Äpfeln das Kerngehäuse ausstechen, Äpfel in nicht zu schmale Spalten teilen. Äpfel und Zwiebelringe in der Pfanne im verbliebenen Öl unter vorsichtigem Wenden etwa 15 Minuten garen. Das Filet salzen, wieder in die Pfanne legen, mit dem Calvados übergießen und mit langem Streichholz flambieren. Die Flamme mit der Sahne löschen, umrühren und einmal aufkochen lassen, mit Salz und Pfeffer würzen.

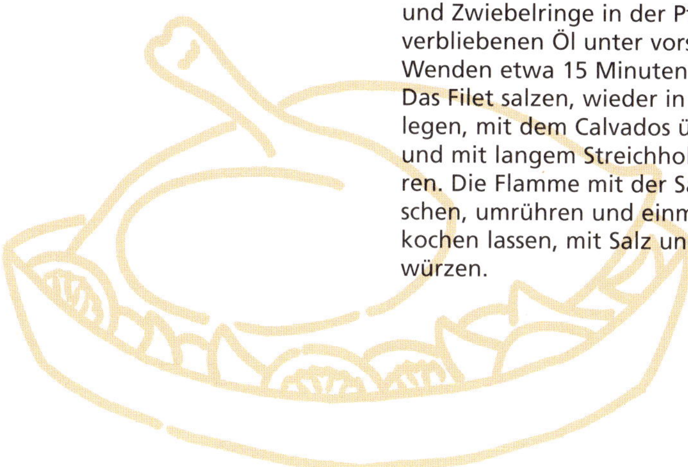

alfredissimo! Kochen mit Bio

Einkaufsliste

Schweinefilet mit Äpfeln

- ○ Schweinefilet
- ○ Salz, Pfeffer
- ○ Rosmarinnadeln
- ○ Pflanzenöl
- ○ Zwiebeln
- ○ Äpfel
- ○ Sahne
- ○ Calvados

Was noch:

- ○ ____________________
- ○ ____________________
- ○ ____________________
- ○ ____________________
- ○ ____________________
- ○ ____________________
- ○ ____________________
- ○ ____________________
- ○ ____________________
- ○ ____________________

Ente mit Sauerkirschsauce

- 2 Entenbrustfilets mit Haut
- 25 g Butter
- 1 Glas Sauerkirschen (Schattenmorellen)
- evevtuell ein wenig Öl
- 2 EL Rotweinessig
- 1 EL brauner Zucker
- 5 EL Rotwein
- 1-2 EL Kirschwasser
- Salz, Pfeffer aus der Mühle

Die Entenbrustfilets mit Küchenkrepp trocknen, die Haut mit einem scharfen Messer rautenförmig einschneiden. Beiseite stellen.

Die Butter in kleine Stücke schneiden und sehr kalt stellen. Die Sauerkirschen in ein Sieb abgießen und dabei den Saft auffangen.

Eine Pfanne erhitzen (eventuell ein wenig Öl hineingeben) und die Entenbrüste mit der Hautseite nach unten etwa 8 Minuten braten. Dann wenden und auf der Fleischseite weitere 8 Minuten braten. Das Fleisch herausnehmen, in Alufolie wickeln und nachziehen lassen.

Den Bratfond in der Pfanne mit dem Essig ablöschen und etwas einkochen lassen. Den Zucker darüber streuen, Wein und Kirschwasser angießen und 2 bis 3 Minuten köcheln lassen.

Die Hälfte von dem aufgefangenen Kirschsaft zugießen und etwas einkochen lassen. Die Kirschen einrühren, die Sauce mit den kalten Butterflöckchen binden (rasch mit dem Schneebesen einrühren) und mit Salz und Pfeffer abschmecken.

Die Entenbrust aus der Folie nehmen und in Scheiben schneiden. Auf Tellern anrichten und mit der Sauce überziehen. Dazu schmecken zum Beispiel kleine Rösti.

Einkaufsliste

Ente mit Sauerkirschsauce

- ○ Entenbrustfilets
- ○ Butter
- ○ Sauerkirschen
- ○ Rotweinessig
- ○ brauner Zucker
- ○ Rotwein
- ○ Kirschwasser
- ○ Salz, Pfeffer

Was noch:

- ○ ______________________
- ○ ______________________
- ○ ______________________
- ○ ______________________
- ○ ______________________
- ○ ______________________
- ○ ______________________
- ○ ______________________
- ○ ______________________
- ○ ______________________

Lammkoteletts mit Orangen-Thymian-Sauce

- *4 große Lammkoteletts (vom Metzger so schneiden lassen, dass sie doppelt dick sind, aber jeweils nur eine Rippe in der Mitte haben)*
- *1 Knoblauchzehe*
- *4-5 EL Olivenöl*
- *2 Schalotten*
- *125 ml Fond*
- *125 ml Rotwein*
- *1 frischer Thymianzweig*
- *2-3 EL englische Orangenmarmelade*
- *Salz, Pfeffer aus der Mühle*

Die Lammkoteletts kurz waschen und die Knochen blank schaben, das Fleisch gut trocknen. Die Knoblauchzehe pellen und halbieren, mit dem Fleisch und dem Öl in einen festen Gefrierbeutel geben und über Nacht im Kühlschrank marinieren.

Zur Zubereitung den Backofen auf 150 °C vorheizen. Die Schalotten pellen und sehr fein würfeln. Eine Pfanne trocken erhitzen und die marinierten Lammkoteletts auf beiden Seiten jeweils 2 Minuten anbraten. Aus der Pfanne in eine hitzefeste Schale heben, in den Ofen stellen und 10 bis 12 Minuten nachziehen lassen.

Die Schalotten in der Pfanne dünsten, bis sie glasig sind. Den Fond, den Rotwein und den Thymianzweig zugeben und aufkochen lassen. Die Orangenmarmelade einrühren und alles 5 Minuten köcheln lassen. Mit Salz und Pfeffer abschmecken.

Die Koteletts aus dem Backofen nehmen, leicht salzen und auf Tellern anrichten. Den Thymianzweig aus der Sauce entfernen, die Sauce über das Fleisch gießen und gleich servieren.

Einkaufsliste

Lammkoteletts mit Orangen-Thymian-Sauce

- ○ Lammkoteletts
- ○ Knoblauch
- ○ Olivenöl
- ○ Schalotten
- ○ Fond
- ○ Rotwein
- ○ Thymian
- ○ Orangenmarmelade
- ○ Salz, Pfeffer

Was noch:

- ○ ____________________
- ○ ____________________
- ○ ____________________
- ○ ____________________
- ○ ____________________
- ○ ____________________
- ○ ____________________
- ○ ____________________
- ○ ____________________
- ○ ____________________

Linsencurry mit Huhn

- 500 g Hähnchenbrustfilet
- 1/4 l Hühnerbrühe (selbst gekocht oder Instant)
- 250 g Zwiebeln
- 1 Knoblauchzehe
- 1 Bund Frühlingszwiebeln (Lauchzwiebeln)
- 1 große Dose Linsen (mit Suppengrün)
- 6-8 EL Sonnenblumenöl
- 1 TL mildes Currypulver
- 1 TL scharfes Currypulver
- Salz
- 3 TL Mango-Chutney
- 2-3 EL Sweet-Chili-Sauce

Das Hähnchenfilet mit Küchenkrepp trocknen und in 1,5 cm große Würfel schneiden. Die Hühnerbrühe heiß bereitstellen.

Die Zwiebeln und den Knoblauch pellen, fein hacken. Die Frühlingszwiebeln waschen, putzen und in 1 cm breite Stücke schneiden.

Die Linsen in ein Sieb gießen und abtropfen lassen.

In einem breiten Topf das Öl erhitzen und die Fleischwürfel unter gelegentlichem Rühren anbraten. Zwiebeln und Knoblauch zugeben. Mit beiden Currysorten bestäuben und kurz andünsten.

Die Brühe angießen und die Linsen unterrühren. Mit Salz, Mango-Chutney und Chilisauce würzen. Zugedeckt bei schwacher Hitze etwa 25 Minuten köcheln lassen.

Die Frühlingszwiebeln unterrühren und alles noch 5 Minuten garen. Mit körnig gekochtem Reis servieren.

Einkaufsliste

Linsencurry mit Huhn

- ○ Hähnchenbrustfilet
- ○ Hühnerbrühe
- ○ Zwiebeln
- ○ Knoblauch
- ○ Frühlingszwiebeln
- ○ Linsen
- ○ Sonnenblumenöl
- ○ Currypulver
- ○ Salz
- ○ Mango-Chutney
- ○ Sweet-Chili-Sauce

Was noch:

- ○ ______________________
- ○ ______________________
- ○ ______________________
- ○ ______________________
- ○ ______________________
- ○ ______________________
- ○ ______________________
- ○ ______________________
- ○ ______________________
- ○ ______________________

Putensteaks mit Liebstöckelsauce

Für 2 Personen:

- 2 Putensteaks
- 75 g Liebstöckel (oder Kerbel)
- 75 g Petersilie (glatt oder kraus)
- Olivenöl zum Anbraten
- Gänseschmalz zum Bestreichen (Butterschmalz geht auch)
- evtl. Geflügelfond
- 250 g Crème double
- etwas Saucenbinder
- Salz, Pfeffer

Den Backofen auf 75 °C anwärmen. Die Putensteaks mit Küchenkrepp gut trocknen. Liebstöckel und Petersilie waschen, die Blättchen abzupfen (es sollen keine Stengelreste mehr daran sein) und mit einem Wiegemesser nicht zu fein hacken. Heißes Wasser bereithalten.

In einer Pfanne etwas Olivenöl erhitzen und die Putensteaks darin auf beiden Seiten kurz anbraten. Dann auf einen Rost legen und – damit sie nicht austrocknen – mit dem Gänseschmalz bestreichen, das dringt schön ins Fleisch und gibt ihm mehr Geflügelgeschmack. Im Ofen warm stellen, Teller auch gleich darin vorwärmen.

Den Bratensatz in der Pfanne mit heißem Wasser (oder Fond oder was man sonst gerade in der Küche hat) aufgießen, den Satz unter Rühren lösen und aufwallen lassen.

Die Kräuter zugeben und die Flüssigkeit etwas einköcheln lassen, die Crème double einrühren und die Sauce entweder kochen lassen, bis sie gebunden ist oder mit etwas Saucenbinder andicken. Mit Salz und Pfeffer abschmecken. Die Steaks auf den vorgewärmten Tellern anrichten und mit Sauce übergießen.

Als Beilage frisches Baguette und Gemüse aus Kartoffeln, Petersilienwurzeln, Möhren und Sellerie – alles gewürfelt und in Kräuterbrühe gekocht.

Einkaufsliste

Putensteaks mit Liebstöckelsauce

- ○ Putensteaks
- ○ Liebstöckel
- ○ Petersilie
- ○ Olivenöl
- ○ Gänseschmalz
- ○ Crème double
- ○ Saucenbinder
- ○ Salz, Pfeffer

Was noch:

- ○ ______________________
- ○ ______________________
- ○ ______________________
- ○ ______________________
- ○ ______________________
- ○ ______________________
- ○ ______________________
- ○ ______________________
- ○ ______________________
- ○ ______________________

Kaninchen in Estragonsauce

- 4 Kaninchenkeulen à 200 g
- 2-3 mittelgroße Zwiebeln
- 1-2 Zweige frischer Estragon (notfalls getrockneter)
- 50 g Butter
- 1 EL Pflanzenöl zum Braten
- Salz
- 3/8 l Weißwein
- 1/4 Becher Sahne
- Pfeffer aus der Mühle
- Cayennepfeffer
- nach Belieben etwas Cognac

Die Kaninchenkeulen waschen und mit Küchenkrepp gut trocknen. Die Zwiebeln pellen und fein würfeln. Frischen Estragon waschen, trocknen und etwa 2 bis 3 EL Blätter abzupfen.

In einem Bräter die Butter mit dem Öl erhitzen. Die Zwiebelwürfel darin glasig dünsten. Die Kaninchenkeulen salzen, die Zwiebelwürfel etwas zur Seite schieben und die Kaninchenkeulen im Bräter rundum anbraten.

Den Wein angießen und die Hälfte der Estragonblätter dazugeben. Den Deckel auflegen und bei schwacher Hitze etwa 45 Minuten schmoren lassen.

Die Keulen aus dem Bräter heben, die Sahne und den restlichen Estragon zur Bratensauce geben und kurz aufkochen lassen. Mit Salz, Pfeffer und Cayennepfeffer abschmecken. Nach Belieben kurz vorm Servieren einen guten Schuss Cognac dazugießen.

Einkaufsliste

Kaninchen in Estragonsauce

- ○ Kaninchenkeulen
- ○ Zwiebeln
- ○ Estragon
- ○ Butter
- ○ Pflanzenöl
- ○ Weißwein
- ○ Sahne
- ○ Pfeffer
- ○ Cayennepfeffer

Was noch:

- ○ ____________________
- ○ ____________________
- ○ ____________________
- ○ ____________________
- ○ ____________________
- ○ ____________________
- ○ ____________________
- ○ ____________________
- ○ ____________________
- ○ ____________________

Kaninchen in Senfsauce

- 4 Kaninchenkeulen à 200 g
- 2 mittelgroße Zwiebeln
- 4 EL Sonnenblumenöl
- Salz, Pfeffer aus der Mühle
- 200 ml Weißwein
- 2-3 frische Thymianzweige
- 1 Becher Crème fraîche
- 2-3 TL Dijon-Senf

Die Kaninchenkeulen waschen und mit Küchenkrepp trocknen. Die Zwiebeln pellen und fein würfeln.

In einem Bräter das Öl erhitzen. Die Keulen salzen und pfeffern, rundum im heißen Öl scharf anbraten. Die Hitze reduzieren, die Zwiebelwürfel zugeben und unter Rühren glasig dünsten.

Den Wein angießen, die gewaschenen Thymianzweige einlegen. Zugedeckt bei schwacher Hitze etwa 1 Stunde schmoren lassen, bis die Keulen gar sind – das Fleisch sollte sich sehr leicht vom Knochen lösen lassen. Zwischendurch nachschauen, ob etwas Flüssigkeit (Wasser und Wein) nachgegossen werden muss.

Wenn das Fleisch ganz weich ist, die Crème fraîche einrühren und bei mittlerer Hitze offen etwas einkochen lassen. Den Senf in die Sauce rühren, mit Salz und Pfeffer abschmecken.

alfredissimo! Kochen mit BIO

Einkaufsliste

Kaninchen in Senfsauce

- ○ Kaninchenkeulen
- ○ Zwiebeln
- ○ Sonnenblumenöl
- ○ Salz, Pfeffer
- ○ Weißwein
- ○ Thymianzweige
- ○ Crème fraîche
- ○ Dijon-Senf

Was noch:

- ○ ____________________
- ○ ____________________
- ○ ____________________
- ○ ____________________
- ○ ____________________
- ○ ____________________
- ○ ____________________
- ○ ____________________
- ○ ____________________
- ○ ____________________

Lammkeule

- 1 Lammkeule, ca. 1,2 kg mit Knochen
- 1 Stange Lauch (Porree)
- 2 Möhren
- 2 rote Zwiebeln
- 1 kleines Stück Sellerie
- 3 Knoblauchzehen
- 1 Petersilienwurzel
- je 1/2 Bund Petersilie, frischer Rosmarin, Majoran, Thymian, Salbei (ersatzweise getrocknete Kräuter)
- 1 Flasche guter trockener Rotwein, z. B. ein Barolo
- Olivenöl, Salz, Pfeffer
- etwas Lammfond
- Vermouth, Cognac

Die Lammkeule trockenwischen. Lauch, Möhren, Zwiebeln, Sellerie und Knoblauch putzen und grob zerteilen. Die Petersilienwurzel fein reiben. Die frischen Kräuter waschen und trocknen. Die Kräuter mit dem zerteilten Wurzelgemüse und etwa 1/2 Flasche Rotwein in einem großen Gefrierbeutel mischen, die Lammkeule dazulegen und 24 Stunden oder länger im Kühlschrank marinieren, dabei öfter wenden.

Die Keule aus dem Beutel nehmen, mit Küchenkrepp trocknen und die Marinade durch ein Sieb gießen.

In einem Bräter Olivenöl erhitzen und die Lammkeule scharf rundum anbraten, dann salzen, pfeffern und auf den Rost des Backofens legen. Darunter eine Saftpfanne stellen, um den Saft aufzufangen. Bei 80 °C gut 3, besser 4 Stunden braten.

Die durchgesiebte Marinade mit etwas Fond in einem Topf stark einkochen lassen.

Die Lammkeule aus dem Ofen nehmen und fest in Alufolie wickeln. Mindestens 10 Minuten ruhen lassen, damit sich der Fleischsaft verteilen kann.

Den Bratensaft aus der Saftpfanne zu der Sauce geben, mit Salz, Pfeffer, Vermouth und Cognac abschmecken. Das Fleisch in Scheiben aufschneiden und mit der Sauce servieren. Dazu passen weiße und grüne Bohnen und ein sahniges Kartoffelpüree.
Und als Wein ein Barolo.

alfredissimo! Kochen mit BiO

Einkaufsliste

Lammkeule

- ○ Lammkeule
- ○ Lauch
- ○ Möhren
- ○ Zwiebeln
- ○ Sellerie
- ○ Knoblauch
- ○ Petersilienwurzel
- ○ Petersilie, Rosmarin, Majoran, Thymian, Salbei
- ○ trockener Rotwein
- ○ Olivenöl, Salz, Pfeffer
- ○ Lammfond
- ○ Vermouth, Cognac

Was noch:

- ○ ____________________
- ○ ____________________
- ○ ____________________
- ○ ____________________
- ○ ____________________
- ○ ____________________
- ○ ____________________
- ○ ____________________
- ○ ____________________
- ○ ____________________

Zitronenlamm

- *500 g Lammschulter ohne Knochen*
- *12 kleine Schalotten*
- *1-2 Knoblauchzehen*
- *1 Bund frische Minze*
- *1/2 TL Kreuzkümmel (ganz)*
- *Salz, Pfeffer aus der Mühle*
- *3 EL Pflanzenöl zum Braten*
- *5 Lorbeerblätter*
- *etwas körniges Brühepulver*
- *1-2 Zitronen*
- *1/2 Becher Crème fraîche*

Von der Lammschulter größere Fettstücke und Häute entfernen, das Fleisch in 2 cm große Würfel schneiden.

Die Schalotten und Knoblauchzehen pellen. Die Minze waschen, trocknen und grob hacken. Das Fleisch mit Kreuzkümmel, Salz und Pfeffer würzen.

In einem Bräter das Öl erhitzen und die Fleischstücke scharf unter Wenden anbraten. Die unzerteilten Schalotten, die Lorbeerblätter und die Minze zugeben, den Knoblauch durch die Presse dazudrücken. Alles knapp mit Wasser bedecken und etwas Brühepulver dazustreuen. Den Deckel auflegen und das Fleisch insgesamt etwa 45 Minuten bei schwacher Hitze schmoren lassen.

Nach 30 Minuten die Zitronen mit einem scharfen Messer bis ins Fruchtfleisch schälen, sodass die hellen Häute vollständig entfernt werden. Die einzelnen Filets zwischen den Trennwänden mit dem Messer herauslösen und zum Fleisch geben. Den Saft aus den Häuten ebenfalls zum Fleisch ausdrücken.

Das Lammfleisch am besten im Topf servieren, mit einem Klecks glatt gerührter Crème fraîche garnieren.

Einkaufsliste

Zitronenlamm

- ○ Lammschulter
- ○ Schalotten
- ○ Knoblauch
- ○ Minze
- ○ Kreuzkümmel
- ○ Salz, Pfeffer
- ○ Pflanzenöl
- ○ Lorbeerblätter
- ○ Brühepulver
- ○ Zitronen
- ○ Crème fraîche

Was noch:

- ○ ____________________
- ○ ____________________
- ○ ____________________
- ○ ____________________
- ○ ____________________
- ○ ____________________
- ○ ____________________
- ○ ____________________
- ○ ____________________
- ○ ____________________

Stifátho von Hasenkeulen

- 4-6 Hasenkeulen (Hinterläufe), je nach Größe
- Salz
- 3-5 Knoblauchzehen nach Geschmack
- 6 EL Olivenöl
- 1 Glas Fleischfond, 400 ml
- 1/4 l Rotwein, trocken natürlich
- 2 EL Tomatenmark
- 3 Lorbeerblätter
- 1/2 TL Thymian
- 3 Msp. Zimtpulver
- 1 EL Essig
- 500 g kleine Zwiebeln
- Pfeffer

Die Hasenläufe abwaschen, putzen, mit Küchenkrepp abreiben, salzen. Die Knoblauchzehen pellen und fein hacken. In einem gusseisernen Bräter das Öl erhitzen und die Hasenläufe scharf von allen Seiten anbraten. Mit dem Fond und Rotwein löschen, dann Tomatenmark, Lorbeerblätter, Thymian, Zimt, Essig und den gehackten Knoblauch dazugeben. Zugedeckt etwa 1 Stunde bei schwacher Hitze schmoren lassen. In der Zwischenzeit die kleinen Zwiebeln pellen, aber ganz lassen. Die Keulen aus dem Bräter nehmen und mit einem Messer das Fleisch ablösen, in etwa 3 cm große Würfel schneiden und zusammen mit den Zwiebeln zurück in den Topf geben. Weitere 45 Minuten bei kleiner Hitze köcheln (mit Deckel), dann mit Salz und Pfeffer abschmecken. Das ist ein typisch griechisches Gericht, an das unbedingt Zimt gehört.

alfredissimo! Kochen mit BiO

Einkaufsliste

Stifátho von Hasenkeulen

- ○ Hasenkeulen
- ○ Salz
- ○ Knoblauch
- ○ Olivenöl
- ○ Fleischfond
- ○ Rotwein
- ○ Tomatenmark
- ○ Lorbeerblätter
- ○ Thymian
- ○ Zimt
- ○ Essig
- ○ Zwiebeln
- ○ Pfeffer

Was noch:

- ○ ______________________
- ○ ______________________
- ○ ______________________
- ○ ______________________
- ○ ______________________
- ○ ______________________
- ○ ______________________
- ○ ______________________
- ○ ______________________
- ○ ______________________

Stubenküken mit Lemon Pepper

- 2 Stubenküken zu je 500 g
- etwas Pflanzenöl zum Braten
- 50 g Butter
- Salz, Lemon Pepper

Die Stubenküken waschen und mit Küchenkrepp trocknen. Mit einer Geflügelschere durch Brust und Rücken halbieren. Die Hälften auf einem Brett mit dem Handballen kräftig flach drücken.

In einer großen Pfanne etwas Öl erhitzen. Die Hälfte der Butter zugeben und die Stubenkükenhälften auf beiden Seiten scharf anbraten.

Die Hitze zurückschalten, die restliche Butter in die Pfanne geben und die Küken in etwa 15 Minuten fertigbraten. Mit Salz und Lemon Pepper würzen, servieren.

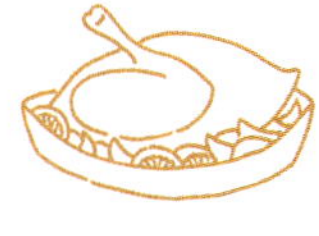

alfredissimo! Kochen mit BiO

Einkaufsliste

Stubenküken mit Lemon Pepper

- ○ Stubenküken
- ○ Pflanzenöl
- ○ Butter
- ○ Salz, Lemon Pepper

Was noch:

- ○ ____________________
- ○ ____________________
- ○ ____________________
- ○ ____________________
- ○ ____________________
- ○ ____________________
- ○ ____________________
- ○ ____________________
- ○ ____________________
- ○ ____________________

Nachtisch & Süßes

Zucker ist neben Fett und Fleisch einer der Hauptfeinde der engagierten Gesundheitsapostel. Sicher haben sie Recht, wenn sie all die süßen Kommerzprodukte meinen, die vor allem Kinder und Jugendliche so nebenbei den ganzen Tag über naschen. Um so wichtiger ist es, auf Qualität zu achten, wenn man auf Süßes nicht ganz und gar verzichten will.

Zu einem abgerundeten Essen gehört ein süßer Nachtisch. Gerade auf diesem Gebiet haben die deutsche und österreichische Küche viel zu bieten. Daher fiel bei der Zusammenstellung der Rezepte die Wahl auch auf die Klassiker der süßen Küche wie z. B. Kaiserschmarrn mit Pflaumenröster, Salzburger Nockerln und die gute alte Schokoladentorte.

Kaiserschmarrn mit Pflaumenröster

- 3-4 Eier
- 140 g Mehl
- 1/4 l Milch
- 2 EL Zucker
- Salz
- evtl. etwas Sahne
- 125 g Rosinen (am besten vorher etwas in Rum einweichen)
- 50 g Mandelsplitter
- Butter
- Puderzucker

Pflaumenröster:

- 250 g Pflaumen, evtl. aus dem Glas
- 2-3 EL Zucker
- 2-3 Nelken
- 1 Zimtstange
- 1 unbehandelte Zitrone
- 2 TL Vanillepuddingpulver

Die Eier sorgfältig trennen, die Dotter in eine Tasse geben und die Eiweiße in einer Schüssel steif schlagen. In einer Rührschüssel die Eigelbe mit Mehl, Milch, Zucker und einer Prise Salz glatt rühren (Faustregel: so viel Löffel Mehl wie man Eigelbe hat). Den Eischnee unterziehen, eventuell etwas Sahne dazugeben. Dann die Rosinen und die Mandelsplitter unterrühren.

In einer Pfanne bei kleiner Hitze ein gutes Stück Butter schmelzen lassen, den Teig hineinfüllen und braten.

Ist der Schmarrn halb durchgebacken und zeigt er an der Unterseite Farbe, mit Schwung wenden und fertig backen. Sollte der Schmarrn dabei zerfallen, ist es nicht schlimm, da der fertige Eierkuchen sowieso zerrissen wird.

Also den fertigen Pfannkuchen mit zwei Gabeln in der Pfanne in Stücke reißen, diese unter Wenden noch etwas nachziehen lassen, anschließend mit Puderzucker bestäuben und servieren.

Für den Pflaumenröster die Pflaumen halbieren, entkernen und mit etwas Wasser, dem Zucker, Nelken, Zimt und etwas abgeriebener Zitronenschale (oder einem Stück Schale) weichkochen.
Das Vanillepuddingpulver in etwas Wasser glatt rühren und unter die gekochten Pflaumen rühren, aufkochen, bis die Sauce gebunden ist.

Einkaufsliste

Kaiserschmarrn mit Pflaumenröster

- ○ Eier
- ○ Mehl
- ○ Milch
- ○ Zucker
- ○ Salz
- ○ Rosinen
- ○ Mandelsplitter
- ○ Butter
- ○ Puderzucker
- ○ Pflaumen
- ○ Nelken
- ○ Zimtstange
- ○ Zitrone
- ○ Vanillepuddingpulver

Was noch:

- ○ ______________________________
- ○ ______________________________
- ○ ______________________________
- ○ ______________________________
- ○ ______________________________
- ○ ______________________________
- ○ ______________________________
- ○ ______________________________
- ○ ______________________________
- ○ ______________________________

Tag- und Nachtpudding

- *3/8 l Milch*
- *125 g Butter*
- *1 Vanilleschote oder Vanillezucker*
- *1 Prise Salz*
- *125 g Mehl*
- *7 Eier*
- *7 EL Zucker*
- *Butter und Semmelbrösel für die Form*

Schokoladensauce:

- *500 g Blockschokolade*
- *100 g Zucker*

In einem Topf die Milch mit der Butter, den ausgekratzten Kernchen der Vanilleschote (oder Vanillezucker), etwas Salz und dem Mehl unter Rühren zu einem Brandteig kochen, bis er sich vom Topfboden löst. Etwas (aber nicht zu viel) abkühlen lassen.

Die Eier trennen. Den Brandteig jeweils mit 1 Eigelb und 1 EL Zucker kräftig verrühren, bis alle Eigelbe verbraucht sind. Die Eiweiße (möglichst mit der Hand) zu steifem Schnee schlagen, mit einer Gabel unter den Brandteig ziehen und langsam und gründlich, aber locker vermischen. So entsteht eine schön flockige, ganz leichte Masse.
Eine Puddingform (sieht aus wie eine Gugelhupfform mit Deckel) dick mit Butter ausstreichen, dünn mit Semmelbröseln ausstreuen und die Teigmasse einfüllen. Die Puddingform gut verschließen und in einen großen Topf stellen, seitlich heißes Wasser aufgießen, bis die Form zu 2/3 im Wasserbad steht. Den Topf mit einem schweren Deckel gut verschließen, eventuell noch ein Handtuch um den Rand des Deckels legen, damit kein Dampf entweichen kann. Etwa 45 Minuten leise köcheln lassen, ohne dabei den Deckel vom Topf abzuheben.

Kurz vor Garzeitende für die Schokoladensauce die Blockschokolade in kleine Stücke schneiden, in einem Topf mit wenig Wasser und etwas Zucker schmelzen lassen. Wenn die Sauce zu dick wird, kann man immer etwas Wasser nachgießen.

Dann die Form aus dem Topf heben, kurz abkühlen lassen und den Pudding in eine flache Schüssel stürzen. Mit der nicht zu dünnflüssigen Schokoladensauce übergießen und servieren.

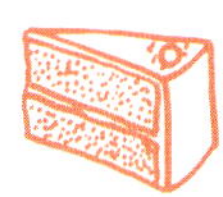

Einkaufsliste

Tag- und Nachtpudding

- ○ Milch
- ○ Butter
- ○ Vanilleschote
- ○ Salz
- ○ Mehl
- ○ Eier
- ○ Zucker
- ○ Semmelbrösel
- ○ Blockschokolade

Was noch:

- ○ ______________________
- ○ ______________________
- ○ ______________________
- ○ ______________________
- ○ ______________________
- ○ ______________________
- ○ ______________________
- ○ ______________________
- ○ ______________________
- ○ ______________________

Sächsische Quarkkäulchen

- ca. 1 kg Kartoffeln
- 100 g Rosinen
- 150-200 g Mehl
- 500 g Quark
- 2 Eier
- 1 TL Backpulver
- 80 g Zucker
- 1 TL Salz
- abgeriebene Schale von 1 unbehandelten Zitrone
- Pflanzenöl zum Braten
- Zucker und evtl. Zimtpulver zum Bestreuen

Die „Gäulschen" sind in Sachsen ein beliebter Nachtisch nach einem leichteren Hauptgericht oder auch als Abendimbiss mit Pflaumenkompott.

Die Kartoffeln als Pellkartoffeln kochen. Die Rosinen mit kochendem Wasser übergießen und 5 Minuten quellen lassen.

Die gekochten Kartoffeln noch heiß pellen, durch eine Kartoffelpresse drücken und das Mehl darüber sieben. Quark, Eier, Backpulver, Zucker und Salz sowie Zitronenschale dazugeben und in einer Schüssel zu einem Teig kneten. Die Rosinen trockentupfen, leicht mit Mehl bestäuben und unter den Teig mischen. Zwei Rollen aus dem Teig formen und in Scheiben schneiden. Mittelgroße Knödel daraus formen und etwas flachdrücken.

In einer Pfanne Öl erhitzen und die Käulchen auf beiden Seiten goldgelb braten. Mit Zucker (und eventuell Zimt) bestreuen. Dazu passt auch gut ein Apfelmus.

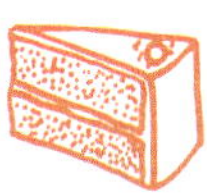

alfredissimo!
Kochen mit BIO

Einkaufsliste

Sächsische Quarkkäulchen

- ○ Kartoffeln
- ○ Rosinen
- ○ Mehl
- ○ Quark
- ○ Eier
- ○ Backpulver
- ○ Zucker
- ○ Salz
- ○ Zitrone
- ○ Pflanzenöl

Was noch:

- ○ ____________________
- ○ ____________________
- ○ ____________________
- ○ ____________________
- ○ ____________________
- ○ ____________________
- ○ ____________________
- ○ ____________________
- ○ ____________________
- ○ ____________________

Salzburger Nockerln

- 6 Eier
- knapp 1/4 l Milch
- 50 g Butter
- 2 gestrichene TL Vanillinzucker (oder echten Vanillezucker)
- 140 g Zucker
- 6 gestrichene EL Mehl
- 2 gestrichene EL Puderzucker

Die Eier in Eigelbe und Eiweiße trennen (es darf nicht die geringste Menge Eigelb in das Eiweiß kommen, sonst gelingt die Mehlspeise nicht!).

Die Milch mit der Butter und dem Vanillin- (besser Vanille-)Zucker in eine ofenfeste Form mit hohem Rand füllen und erhitzen. Den Backofen auf 230 °C vorheizen.

Die Eiweiße steif schlagen (Test: ein Schnitt mit einem Messer muss eine saubere, scharfe Kante geben), die Hälfte des Zuckers zugeben und den Schnee weiter steif schlagen, bis er fest und glänzend ist. Die Eigelbe cremig rühren.

Den restlichen Zucker und die Eigelbe ganz vorsichtig mit einem Schneebesen unterheben. Das Mehl über die Masse sieben und ebenfalls locker unterziehen.

Die Masse mit einem Löffel als große Nockerln (Klöße) auf die kochende Milch setzen. Ohne die Form zu erschüttern vom Herd nehmen und mit Puderzucker bestäuben.

Die Nockerln in den vorgeheizten Ofen schieben und in 8 bis 10 Minuten goldbraun backen. Sofort ganz heiß servieren.

alfredissimo! Kochen mit BIO

Einkaufsliste

Salzburger Nockerln

- ○ Eier
- ○ Milch
- ○ Butter
- ○ Vanillinzucker
- ○ Zucker
- ○ Mehl
- ○ Puderzucker

Was noch:

- ○ ____________________
- ○ ____________________
- ○ ____________________
- ○ ____________________
- ○ ____________________
- ○ ____________________
- ○ ____________________
- ○ ____________________
- ○ ____________________
- ○ ____________________

Apfelrösti

- *250-300 g altbackenes Graubrot*
- *2-3 EL Sultaninen (Weinbeeren)*
- *750 g Äpfel*
- *Zucker*
- *Zimtpulver*
- *1 EL Butter*
- *100-200 ml Apfelsaft oder Wasser*

Das Graubrot mit der Rinde in dünne Scheiben und dann in Würfel schneiden. Die Sultaninen mit heißem Wasser übergießen, abtropfen und etwas quellen lassen. Die Äpfel schälen und die Kerngehäuse ausstechen, vierteln und in kleine Stücke schneiden. Zucker und Zimt mischen.

Die Butter in der Pfanne erhitzen, die Brotwürfel dazugeben und rundum anrösten, bis sie schön braun sind. Die Apfelstückchen hineingeben und unter Wenden kurz dämpfen, den Deckel auf die Pfanne legen und ziehen lassen, bis sie etwas zusammenfallen. Mit dem Apfelsaft ablöschen und die Hitze zurückschalten. Die Sultaninen dazugeben und bei geschlossenem Deckel garen, bis die Äpfel weich sind und etwas karamellisieren, sie dürfen aber nicht ganz zerfallen! Mit Zucker und Zimt bestreuen. Aus der Pfanne auf Teller portionieren.

Die Apfelrösti können mit einer Kugel Vanilleeis als Dessert gereicht werden oder zu Wild als Beilage, dann allerdings ohne oder mit weniger Zucker und Zimt zubereiten.

Einkaufsliste

Apfelrösti

- altbackenes Graubrot
- Sultaninen
- Äpfel
- Zucker
- Zimtpulver
- Butter
- Apfelsaft

Was noch:

- ______________________________
- ______________________________
- ______________________________
- ______________________________
- ______________________________
- ______________________________
- ______________________________
- ______________________________
- ______________________________
- ______________________________

Reiberdatschi mit Apfelkompott

- *8 (männerfaust-)große Kartoffeln, die Hälfte von der Sorte Sieglinde (fest kochend), die anderen mehlig-fest kochend*
- *1 große Gemüsezwiebel*
- *2-4 Knoblauchzehen*
- *200 g Magerquark (Topfen)*
- *grob gemahlener schwarzer Pfeffer (oder Steakpfeffer)*
- *Salz*
- *2 EL Grieß*
- *neutrales Planzenöl zum Braten*

Apfelkompott:

- *1/8 l Weißwein*
- *4 EL Zucker*
- *Schale von 1 unbehandelten Zitrone*
- *1 Zimtstange*
- *750 g Äpfel*

Die Kartoffeln waschen und schälen. Auf einer Gemüsereibe (mit der Hand, am besten einen Küchenhandschuh dabei anziehen) nicht zu grob und nicht zu fein in eine Schüssel raspeln. Schneller ginge es zwar mit der Küchenmaschine, aber dann werden die Reibekuchen eben nicht so, wie sie sein sollen. Falls die Kartoffeln zu viel Wasser gezogen haben, etwas abgießen, die Masse darf aber nicht so trocken wie für Knödel sein.
Die dicke Zwiebel (sie ist milder und brennt nicht so in den Augen) pellen und ebenso wie den geschälten Knoblauch zu den Kartoffeln reiben (wieder mit der Hand). Den Quark, groben Pfeffer, Salz und Grieß zugeben. Alles gut vermengen.

Reichlich Pflanzenöl (die Kartoffelpuffer sollen ein bisschen schwimmen können) in einer großen schweren (möglichst gusseisernen) Pfanne stark erhitzen. Die Kartoffelmasse in handtellergroße Fladen in die Pfanne geben und knusprig ausbacken. Die fertigen auf Küchenkrepp abtropfen lassen.

Fürs Apfelkompott 1/4 l Wasser, Weißwein, Zucker, Zitronenschale und Zimtstange in einen Topf geben. Die Äpfel schälen, in Stücke schneiden und das Kerngehäuse ausschneiden. Die Apfelstücke in den Sud legen, etwa 5 Minuten köcheln lassen, bis das Kompott gar, aber noch stückig ist. Die genaue Garzeit hängt von der Apfelsorte ab.

Zu den Reiberdatschi schmeckt ein spritziges Weißbier oder ein trockener Weißwein.

Einkaufsliste

Reiberdatschi mit Apfelkompott

- ○ Kartoffeln
- ○ Gemüsezwiebel
- ○ Knoblauch
- ○ Magerquark
- ○ Pfeffer
- ○ Salz
- ○ Grieß
- ○ Planzenöl
- ○ Weißwein
- ○ Zucker
- ○ Zitrone
- ○ Zimtstange
- ○ Äpfel

Was noch:

- ○ ____________________
- ○ ____________________
- ○ ____________________
- ○ ____________________
- ○ ____________________
- ○ ____________________
- ○ ____________________
- ○ ____________________
- ○ ____________________
- ○ ____________________

Dampfnudeln

- *125-250 ml lauwarme Milch*
- *20 g Zucker*
- *1 Päckchen Hefe*
- *500 g Mehl*
- *1 TL Salz*
- *20 g Margarine*
- *2 Eier*
- *1 EL Butter oder Butterschmalz*
- *1 EL Margarine*
- *1 EL Pflanzenfett*

Für das Hefeteigerl die lauwarme Milch mit Zucker und Hefe verrühren. Hefeansatz 15 Minuten gehen lassen.

Das Mehl in eine große Schüssel füllen, in der Mitte eine Vertiefung eindrücken. An den Mehlrand Salz, Margarine und die Eier geben. Das Hefeteigerl in die Mitte füllen.

Alles zu einem Teig verrühren und kneten, bis er Blasen wirft und sich von der Schüssel löst. Dann an einem warmen Fleck 1 Stunde gehen lassen.

Nach der Stunde an einem zugfreien Platz aus dem Teig mit einem Esslöffel runde Klöße (Nudeln) abstechen und auf ein Brett legen, mit einem Tuch abdecken und wieder eine Weile gehen lassen.

Butter, Margarine und Pflanzenfett in einen schweren Topf mit dicht schließendem Deckel geben, so viel Wasser dazu gießen, dass der Boden bedeckt ist. Die Nudeln hineinlegen und zugedeckt etwa 30 Minuten bei kleiner Hitze garen – den Deckel nicht öffnen, sonst fallen sie zusammen!

Dazu schmeckt sehr gut Vanillesauce.

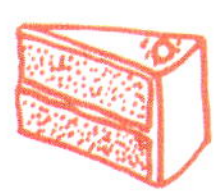

Einkaufsliste

Dampfnudeln

- ○ Milch
- ○ Zucker
- ○ Hefe
- ○ Mehl
- ○ Salz
- ○ Margarine
- ○ Eier
- ○ Butter
- ○ Pflanzenfett

Was noch:

- ○ ____________________
- ○ ____________________
- ○ ____________________
- ○ ____________________
- ○ ____________________
- ○ ____________________
- ○ ____________________
- ○ ____________________
- ○ ____________________
- ○ ____________________

Norwegischer Eisberg

- 5 Eiweiß, etwas Zucker
- 3 Scheiben einfacher, fertig gekaufter Sandkuchen
- etwas Grand Marnier (Orangenlikör)
- 1 große, rechteckige Packung Vanilleeis (wie Kuchenform)
- Beeren nach Belieben, z. B. tiefgekühlte Himbeeren

Den Backofen auf volle Hitze (mindestens 250 °C) vorheizen.

Die Eiweiße (es darf kein Eigelb dabei sein) in einer sauberen Schüssel mit etwas Zucker schlagen, bis der Schnee gut steif und cremig ist.

In eine flache Form (aus hitzefestem Porzellan) 3 Scheiben von dem Sandkuchen zu einem Rechteck nebeneinander legen, das so groß ist wie der Vanilleeisblock. Den Kuchen mit etwas Grand Marnier beträufeln.

Das Vanilleeis auf die Sandkuchenstücke stürzen und mit dem Eischnee bestreichen, sodass das Eis ganz bedeckt ist.

Den „Eisberg" etwa 3 Minuten in den heißen Backofen stellen, bis der Eischnee leicht angebräunt ist. Herausnehmen und mit den Beeren garniert sofort servieren. Mit einem sehr scharfen Messer oder mit einem elektrischen Schneidemesser portionieren.

Ein ganz schnelles, witziges Dessert, das auch praktisch ist: Eis, tiefgekühlte Himbeeren und Sandkuchen im Frischepack kann man immer in Vorrat haben. Und für die Eigelbe findet sich eine geeignete Weiterverwendung – für eine Weinschaumsauce, gehaltvolle Rühreier, zum Legieren von Suppen und Saucen.

Einkaufsliste

Norwegischer Eisberg

- ○ *Eier*
- ○ *Sandkuchen*
- ○ *Grand Marnier*
- ○ *Vanilleeis*
- ○ *tiefgekühlte Beeren*

Was noch:

- ○ ______________________________
- ○ ______________________________
- ○ ______________________________
- ○ ______________________________
- ○ ______________________________
- ○ ______________________________
- ○ ______________________________
- ○ ______________________________
- ○ ______________________________
- ○ ______________________________

„Errötendes Mädchen" – ein Dessert

- *300 g tiefgekühlte Himbeeren*
- *3 Scheiben Pumpernickel*
- *50 g Schokolade-Raspel*
- *2 EL Himbeergeist oder Kirschsaft*
- *1/2 Becher Sahne (125 g), gut gekühlt*
- *2 Becher Sahne-Joghurt (à 150 g)*
- *2 Beutel Vanillezucker*

Die Himbeeren leicht antauen lassen (sie dürfen aber nicht zu weich werden). Die Pumpernickel-Scheiben zerbröseln (oder im Blitzhacker kurz zerkleinern) und in eine Glasschüssel geben, mit den Schoko-Raspeln vermischen und mit Himbeergeist tränken (wenn das Dessert für Kinder ist, Kirschsaft oder einen anderen Fruchtsaft nehmen). Die gut gekühlte Sahne in einer Schüssel steif schlagen.

Den Joghurt mit Vanillezucker glatt verrühren, die Schlagsahne unterziehen. Diese Masse auf die Brösel schichten, zuletzt eine Schicht Himbeeren darauf setzen. Am besten noch etwas im Kühlschrank durchziehen lassen.

Von diesem schnellen Dessert gibt es eine ganze Reihe von Varianten: Die Schichtsuppe aus Brot und Obst mit Quark oder Sahne soll ursprünglich aus Ostpreußen stammen, allerdings ist Pumpernickel eine westfälische Spezialität. Der seltsame Name kann aus einem alten Wort für „Poltergeist" entstanden sein – nach dem Gefühl, das das Brot beim ungeübten Esser erzeugt. Die Sudeten gossen dagegen eine Vanillecreme über Obststückchen und Biskuits.

Es eignet sich jedes dunkle, altbackene Brot, das grob gerieben wird. Oder Sie nehmen Zwieback- oder Keksbrösel (besonders gut sind trocken gewordene Kokosmakronen).

Und statt Himbeeren schmeckt es auch mit frischem Obst, zum Beispiel klein geschnittenen Äpfeln oder Birnen, gemischt mit entsteinten Kirschen oder Trauben.

alfredissimo!
Kochen mit BIO

Einkaufsliste

„Errötendes Mädchen" – ein Dessert

- ○ tiefgekühlte Himbeeren
- ○ Pumpernickel
- ○ Schokolade-Raspel
- ○ Himbeergeist
- ○ Sahne
- ○ Sahne-Joghurt
- ○ Vanillezucker

Was noch:

- ○ ____________________
- ○ ____________________
- ○ ____________________
- ○ ____________________
- ○ ____________________
- ○ ____________________
- ○ ____________________
- ○ ____________________
- ○ ____________________
- ○ ____________________

Himbeer-Mousse

- *500 g Himbeeren, frisch oder tiefgekühlt*
- *Zucker nach Geschmack*
- *1 Becher Schlagsahne (200 g)*
- *4-5 Eiweiß (je nach Größe der Eier)*

Tiefgefrorene Früchte langsam auftauen lassen. Die aufgetauten oder frischen Himbeeren im Mixer pürieren und durch ein Haarsieb streichen, mit Zucker nach Geschmack süßen. Sahne und Eiweiße in zwei Schüsseln getrennt mit etwas Zucker steif schlagen. Fruchtmus, Eischnee und Schlagsahne ganz vorsichtig vermischen.

Bis zum Servieren kühlen.

alfredissimo! Kochen mit BIO

Einkaufsliste

Himbeer-Mousse

- ○ Himbeeren
- ○ Zucker
- ○ Schlagsahne
- ○ Eier

Was noch:

- ○ ______________________
- ○ ______________________
- ○ ______________________
- ○ ______________________
- ○ ______________________
- ○ ______________________
- ○ ______________________
- ○ ______________________
- ○ ______________________
- ○ ______________________

Marillen-Knödel nach Art von Mama Biolek

- *500 g Quark (vorzugsweise Magerquark, abgetropft)*
- *200 g Mehl*
- *2 Eier*
- *10-12 Aprikosen (= Marillen), reif, aber nicht zu weich*
- *10-12 Stück Würfelzucker*
- *Salz*
- *Mehl zum Formen der Knödel*
- *Butter, Zucker und gemahlener Zimt nach Geschmack*

Aus dem Quark, Mehl und Eiern einen Teig rühren und etwa 20 Minuten quellen lassen. Falls er gar zu weich ist, noch 1 bis 2 EL Mehl zugeben.

Die Aprikosen waschen und trockenreiben, dann vorsichtig aufschneiden und die Kerne entnehmen; an deren Stelle jeweils ein Stück Würfelzucker einsetzen.

In einem großen Topf reichlich Wasser aufkochen und leicht salzen. Jede Aprikose mit dem Teig dünn ummanteln, ein Löffel und viel Mehl an den Händen helfen dabei. Die Knödel in das Wasser legen, aber nicht zu viele auf einmal, sie kleben sonst aneinander. Jetzt dürfen sie nicht mehr kochen, sondern nur im heißen Wasser ziehen. Wenn die Knödel an die Oberfläche steigen, noch 7 Minuten garen, dann mit dem Schaumlöffel herausheben, aufschneiden und warm mit zerlassener Butter übergießen und mit Zucker und Zimt bestreuen.

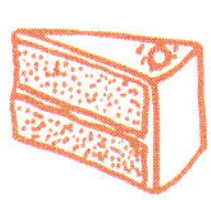

Einkaufsliste

Marillen-Knödel nach Art von Mama Biolek

- Quark
- Mehl
- Aprikosen
- Eier
- Würfelzucker
- Salz
- Mehl
- Butter, Zucker, Zimt

Was noch:

- ____________________
- ____________________
- ____________________
- ____________________
- ____________________
- ____________________
- ____________________
- ____________________
- ____________________
- ____________________

Mandelpudding

- 200 g ungeschälte Mandeln
- 1/4 l Milch
- 1/4 l Sahne
- 2 EL Amaretto (Mandellikör)
- 4 Eier
- 3 EL Zucker
- Butter für die Puddingform

Mandeln mit kochendem Wasser übergießen, einige Minuten ziehen lassen, dann das Wasser abgießen und die Mandelkerne enthäuten. In einem Blitzhacker portionsweise pürieren, dabei mit etwas Wasser anfeuchten.

Das Mandelpüree in eine Schüssel geben, die Milch aufkochen und darüber gießen. 30 Minuten quellen lassen, dann in ein mit einem Tuch ausgelegtes Sieb gießen, das Tuch fest ausdrücken (die Milch natürlich auffangen).

Diese Mandelmilch mit Sahne und Likör verrühren und aufkochen. In einer Schüssel die Eier mit dem Zucker verrühren, bis sich der Zucker aufgelöst hat. Die kochende Milch-Sahnemischung unter ständigem Rühren langsam zugießen.

Eine Puddingform dick mit Butter ausstreichen, die Eiermischung einfüllen und den Deckel aufsetzen oder mit Alufolie verschließen.
In einen Topf stellen, heißes Wasser bis 5 cm unter den Puddingformrand einfüllen. Bei schwacher Hitze zugedeckt etwa 45 Minuten in diesem Wasserbad garen.

In der Form abkühlen lassen, dann stürzen (leicht geht das, wenn man die Form dann noch mal kurz in heißes Wasser hält).

Nach Belieben noch mit Zucker und gemahlenem Zimt bestreuen. Dazu passen auch gut pürierte Himbeeren.

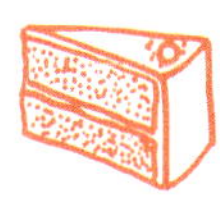

alfredissimo! Kochen mit BIO

Einkaufsliste

Mandelpudding

- ○ ungeschälte Mandeln
- ○ Milch
- ○ Sahne
- ○ Amaretto
- ○ Eier
- ○ Zucker
- ○ Butter

Was noch:

- ○ ______________________
- ○ ______________________
- ○ ______________________
- ○ ______________________
- ○ ______________________
- ○ ______________________
- ○ ______________________
- ○ ______________________
- ○ ______________________
- ○ ______________________

Grießflammeri

- 1/2 l Milch
- Salz
- 5 cm Zitronenschale (unbehandelt)
- 75 g Grieß
- 3 Eier
- 80 g Zucker
- Zucker und gemahlener Zimt zum Bestreuen

Milch bei kleiner Hitze mit einer Prise Salz und der Zitronenschale zum Kochen bringen. Grieß in die Milch einlaufen lassen und einige Minuten ausquellen lassen, bis der Brei dick ist. Zitronenschale herausnehmen, den Grießbrei etwas abkühlen lassen. Die Eier trennen, die 3 Eigelb und die Hälfte des Zuckers mit dem Brei verrühren. Die Eiweiße mit dem restlichen Zucker zu steifem Schnee schlagen und vorsichtig unterheben.

Portionsförmchen mit kaltem Wasser ausspülen und den Flammeri einfüllen. Abkühlen lassen, dann im Kühlschrank aufheben.

Mit Zimtzucker bestreut servieren. Am besten schmeckt es allerdings mit Rhabarber- oder Zwetschgenkompott oder mit anderen Früchten, dann aber nicht mit Zimt bestreuen.

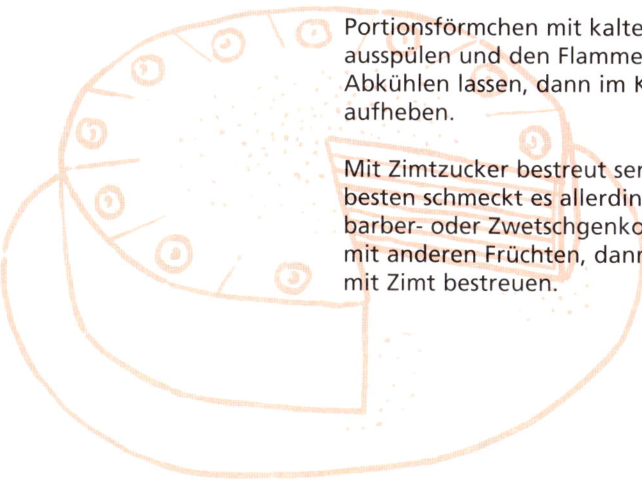

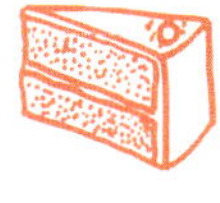

alfredissimo! Kochen mit BiO

Einkaufsliste

Grießflammeri

- ○ Milch
- ○ Salz
- ○ Zitrone
- ○ Grieß
- ○ Eier
- ○ Zucker
- ○ Zimt

Was noch:

- ○ ____________________
- ○ ____________________
- ○ ____________________
- ○ ____________________
- ○ ____________________
- ○ ____________________
- ○ ____________________
- ○ ____________________
- ○ ____________________
- ○ ____________________

Apfeltarte

Für 2 Formen von jeweils 25 cm Durchmesser:

- *Mehl zum Ausrollen des Teiges*
- *2 Scheiben Tiefkühl-Blätterteig*
- *Butter zum Ausstreichen der Formen*
- *3-4 säuerliche Äpfel (Boskop, Elstar)*
- *etwa 75 g Zucker mit 1/2 TL Zimtpulver gemischt*
- *Butterflöckchen zum Backen*

Auf einem bemehlten großen Brett die Blätterteigscheiben dünn ausrollen, sodass jeweils eine Scheibe in eine Tarteform passt.

Die Formen leicht mit etwas Butter ausstreichen, mit dem Blätterteig auslegen. Den überhängenden Teig wegschneiden.

Backofen auf 200 °C vorheizen. Die Äpfel schälen, die Kerngehäuse ausstechen, Äpfel vierteln und in etwa 1,5 cm dicke Spalten schneiden. Die Teigplatten schuppenartig mit den Apfelspalten belegen und nach Geschmack mit Zucker und Zimt bestreuen.

Einige Butterflöckchen auf die Äpfel geben, dann die Formen auf der 2. Schiene von oben in den Ofen schieben und etwa 25 Minuten backen. Lauwarm zum Tee servieren oder als leichtes Dessert nach einem Essen, vielleicht mit einer Kugel Walnusseis daneben.

Einkaufsliste

Apfeltarte

- ○ Mehl
- ○ Blätterteig
- ○ Butter
- ○ Äpfel
- ○ Zucker
- ○ Zimtpulver

Was noch:

- ○ ______
- ○ ______
- ○ ______
- ○ ______
- ○ ______
- ○ ______
- ○ ______
- ○ ______
- ○ ______
- ○ ______

Schokoladentorte

Für eine Backform von 20 x 24 cm:

- 200 g Blockschokolade
- 100 g Butter
- 160 g Zucker
- 3 Eier
- 2 EL Mehl (50 g)
- Puderzucker zum Bestreuen

Einen kleineren Topf in einen größeren mit kochendem Wasser stellen und in diesem Wasserbad die in Stücke gebrochene Schokolade mit 2 EL Wasser schmelzen lassen. Butter und Zucker zugeben und zergehen lassen. Die Eier trennen, die 3 Eigelb und das Mehl unter die Schokomasse rühren und gut vermischen. Die 3 Eiweiß sehr steif schlagen und vorsichtig unterheben.

Eine flache Kuchenform mit Backpapier auslegen, die Masse einfüllen und in den kalten Backofen schieben. Den Regler jetzt erst auf 180 °C einschalten und die Torte 40 bis 50 Minuten backen. Jeder Ofen ist anders, deshalb lässt sich die Zeit nicht genau angeben.

Es kann auch 60 Minuten dauern, bis die Torte fest ist. Mit einem Holzstäbchen hineinstechen und prüfen, ob noch flüssiger Teig beim Herausziehen daran hängen bleibt. Die fertige Torte aus dem Ofen nehmen, auf ein Gitter stürzen und das Backpapier abziehen. Auskühlen lassen. Zum Servieren mit Puderzucker bestreuen und in Rechtecke schneiden.

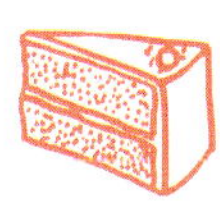

Einkaufsliste

Schokoladentorte

- ○ Blockschokolade
- ○ Butter
- ○ Zucker
- ○ Eier
- ○ Mehl
- ○ Puderzucker

Was noch:

- ○ ____________________
- ○ ____________________
- ○ ____________________
- ○ ____________________
- ○ ____________________
- ○ ____________________
- ○ ____________________
- ○ ____________________
- ○ ____________________
- ○ ____________________

Zimtparfait

- 4 Eier
- 175 g Zucker
- 1 EL Zimtpulver
- 250 g gut gekühlte Sahne
- 4 Eiweiß
- 2 Gläschen Mokkalikör

Die Eier mit dem Zucker und Zimt über dem heißen Wasserbad bei kleiner Hitze in etwa 10 Minuten dickschaumig schlagen. Den Eierschaum abkühlen lassen.

Die Sahne und die Eiweiße getrennt steif schlagen. Wenn der Eierschaum abgekühlt ist, den Mokkalikör einrühren und den Schaum noch 3 Minuten schlagen. Die Schlagsahne und den Eischnee unterheben, die Masse in eine Kastenform oder eine Glasschüssel füllen und ins Tiefkühlfach stellen.
3 bis 4 Stunden gefrieren lassen, bis das Parfait fest, aber nicht zu hart ist.

Zum Servieren aus der Form stürzen und in Scheiben schneiden.

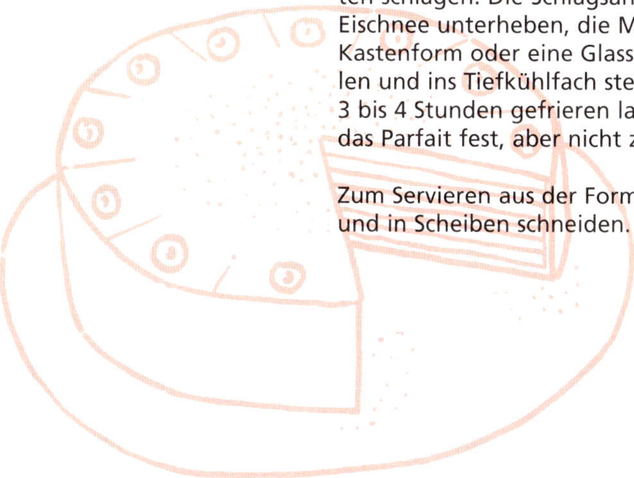

alfredissimo! Kochen mit BiO

Einkaufsliste

Zimtparfait

- Eier
- Zucker
- Zimtpulver
- Sahne
- Mokkalikör

Was noch:

- ______________________________
- ______________________________
- ______________________________
- ______________________________
- ______________________________
- ______________________________
- ______________________________
- ______________________________
- ______________________________
- ______________________________

Zabaione

- 6 Eigelb (von großen Eiern)
- 125 g Zucker
- 100 ml trockener Weißwein
- 100 ml Marsala

In einer Schlagschüssel die Eigelbe und den Zucker mit dem Schneebesen schaumig rühren, den Wein und den Marsala dazugießen und die Schüssel auf ein siedendes Wasserbad setzen. Unter ständigem Schlagen erhitzen, bis die Masse dicklich ist. Aufpassen, dass die Zabaione nicht zu heiß wird, sonst gerinnt sie zu Rührei. Sobald die Creme dick und schaumig ist, sofort in Dessertschalen füllen und servieren.

alfredissimo! Kochen mit BIO

Einkaufsliste

Zabaione

- Eier
- Zucker
- Weißwein
- Marsala

Was noch:

- ____________________
- ____________________
- ____________________
- ____________________
- ____________________
- ____________________
- ____________________
- ____________________
- ____________________
- ____________________

Himbeeraufläufchen

- 250 g Himbeeren (es dürfen auch tiefgekühlte sein)
- 1 Ei
- 2 Eigelb
- 150 g Puderzucker
- 1 EL Mehl
- 250 g Crème double
- 1-2 EL Himbeergeist

Die Himbeeren verlesen, kurz waschen, abtropfen (oder auftauen) lassen. Backofen auf 200 °C vorheizen.

In einer Schüssel das Ei mit den Eigelben und dem Puderzucker verrühren. Das Mehl und die Crème double zugeben und glatt rühren.

Die Himbeeren in Portionsförmchen (flache Auflaufförmchen) verteilen und mit Himbeergeist beträufeln. Den Teig vorsichtig darüber gießen. Die Förmchen in den Ofen schieben und 20 bis 30 Minuten backen, bis der Teig goldbraun und fest ist. Heiß servieren.

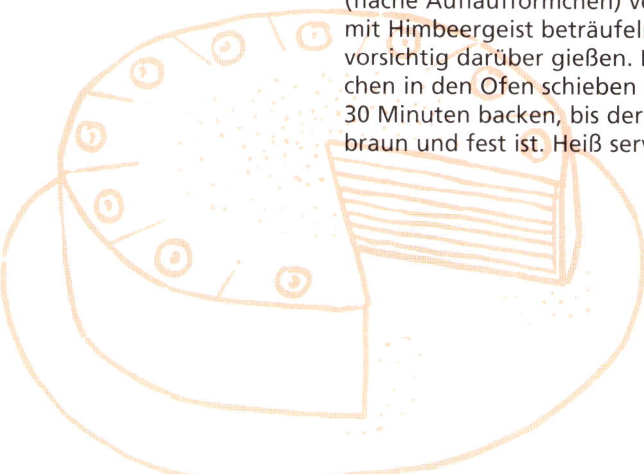

Einkaufsliste

Himbeeraufläufchen

- ○ Himbeeren
- ○ Eier
- ○ Puderzucker
- ○ Mehl
- ○ Crème double
- ○ Himbeergeist

Was noch:

- ○ ______________________
- ○ ______________________
- ○ ______________________
- ○ ______________________
- ○ ______________________
- ○ ______________________
- ○ ______________________
- ○ ______________________
- ○ ______________________
- ○ ______________________

Schnelle rote Grütze

- 1 Paket Beerenmischung (tiefgekühlt)
- 3-4 EL Zucker
- 1 Päckchen Vanillepuddingpulver
- evtl. kalte Sahne zum Servieren

Die Beerenmischung in einen Topf geben, mit dem Zucker bestreuen und bei schwacher Hitze tauen lassen.

Das Puddingpulver in 3 bis 4 EL heißem Wasser auflösen und zu der kochenden Beerenmischung rühren. So lange leise köcheln lassen, bis sich der Vanillegeschmack mit den Beeren verbunden hat. Kalt stellen.

Zum Servieren die Grütze in Schälchen füllen und mit wenig kalter, flüssiger Sahne übergießen.
Oder die Vanillesauce dazu reichen, siehe nächstes Rezept.

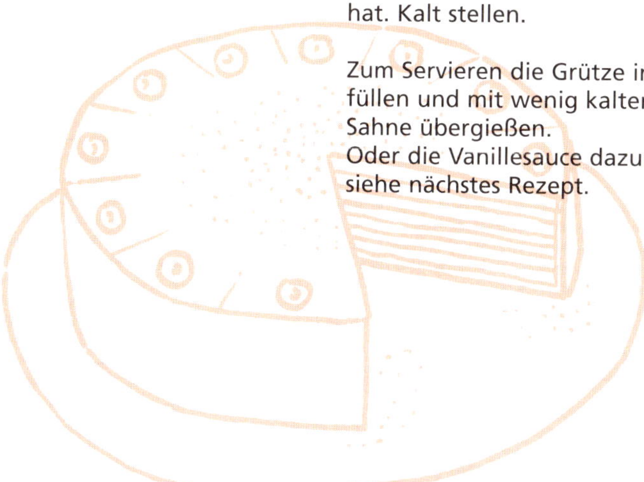

Einkaufsliste

Schnelle rote Grütze

- ○ Beerenmischung
- ○ Zucker
- ○ Vanillepuddingpulver

Was noch:

- ○ ____________________
- ○ ____________________
- ○ ____________________
- ○ ____________________
- ○ ____________________
- ○ ____________________
- ○ ____________________
- ○ ____________________
- ○ ____________________
- ○ ____________________

Vanillesauce

- 400 ml Vollmilch
- 3 Eigelb
- 2-3 EL Zucker
- 1/2 Vanilleschote

Von der Milch eine Tasse voll abnehmen. Mit den Eigelben und dem Zucker verrühren.

Die restliche Milch in einen Topf gießen. Die Vanilleschote aufschlitzen und das Mark zur Milch schaben. Die Schote ebenfalls in die Milch geben. Einmal aufkochen lassen. Die Eigelbmilch mit dem Schneebesen einrühren und kräftig aufschlagen. Vom Herd nehmen und die Vanilleschote entfernen.

Etwas abkühlen oder ganz erkalten lassen, dabei am Anfang ab und zu umrühren, damit sich keine Haut bildet.

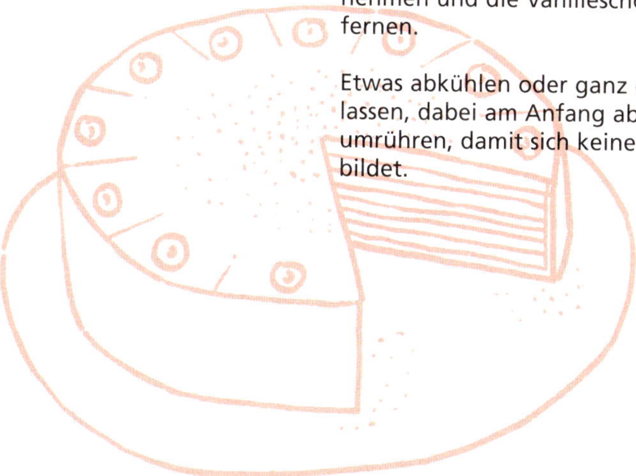

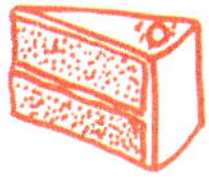

Einkaufsliste

Vanillesauce

- Vollmilch
- Eier
- Zucker
- Vanilleschote

Was noch:

- ____________________
- ____________________
- ____________________
- ____________________
- ____________________
- ____________________
- ____________________
- ____________________
- ____________________
- ____________________

Gedünstete Äpfel mit Walnusssauce

- *100 g Walnusskerne*
- *2 große säuerliche Äpfel (z. B. Boskop)*
- *1/2 unbehandelte Zitrone*
- *65 g Butter*
- *5-6 EL Zucker*
- *125 g Sahne*
- *Zucker, Zimtpulver und ein Schuss Weißwein*

Die Walnusskerne im Mörser zerstoßen (oder mit dem Blitzhacker zerkleinern).

Die Äpfel waschen, die Kerngehäuse ausbohren. Die Äpfel nach Belieben schälen, mit etwas Zitronensaft einreiben. Beiseite stellen.

In einer Kasserolle 40 g Butter erhitzen, den Zucker einstreuen und hellbraun karamellisieren lassen, dabei mit einem Holzlöffel rühren.

Die Kasserolle vom Herd nehmen und 2 EL Wasser zugießen. Die Nüsse einrühren und bei schwacher Hitze 5 Minuten köcheln lassen. Die Sahne zugießen und weiter leise kochen lassen, bis die Sauce sämig ist.

Inzwischen die Äpfel in etwa 1,5 mm dünne Ringe schneiden. Die übrige Butter (25 g) in einer großen Pfanne zerlassen, die Apfelringe einlegen, mit etwas Zucker und Zimtpulver bestreuen und leicht andünsten.

Etwas Wein angießen und ein Stückchen Zitronenschale dazulegen. Zugedeckt bei kleiner Hitze weich, aber nicht matschig dünsten.
Auf Dessertteller verteilen und mit Walnusssauce servieren.

Einkaufsliste

Gedünstete Äpfel mit Walnusssauce

- O Walnusskerne
- O Äpfel
- O Zitrone
- O Butter
- O Zucker
- O Sahne
- O Zimtpulver
- O Weißwein

Was noch:

- O ____________________
- O ____________________
- O ____________________
- O ____________________
- O ____________________
- O ____________________
- O ____________________
- O ____________________
- O ____________________
- O ____________________

Notizen

alfredissimo!
Kochen mit BIO

Notizen

Notizen

Notizen